まえがき

昔は町に棟梁がいて、職人たちをまとめあげて、家をつくってくれました。裏の山の木を伐り、土で壁を塗り、稲わらで畳、紙で障子……すべてが地場の材で、地場の職人がつくるから、地場でメンテナンスできました。家づくりが地場で循環していたのです。ところが、今の家づくりはガラッと様相を変えています。

棟梁に替わって、ハウスメーカー、パワービルダー、工務店といった企業が設計から材工一式で請け負う形になりました。地場に根付く工務店以外は外の企業で、どこかのメーカーがつくる新建材を用いて、施工するだけが地場の職人。家づくりは循環する系を失いました。

それでも問題はありません。スクラップ&ビルドを繰り返す新築市場にメンテナンスは不要、流行のデザインを追い掛けながら、一〇年後には生産していないであろうサイディングで家を包めばよいのです。

南雄三 著
Yuuzo MINAMI

大逆転のHOME嵐《ラン》

建築技術

気がつけば既存住宅ストックは世帯数を超え、一方で八〇〇万戸を超える空家をつくりながら、さらに年間九〇万戸を超える家を新築しています。

一生に一度の大きな買い物で、三五年もの長期ローンでつくる夢のマイホーム。でも、その夢は二〇年で評価価値ゼロ。なんだか詐欺に遭ったような気持ちになって、施主はがっくりと肩を落とし、家は三〇年～四〇年で壊されてゴミを増やし、国は国富としての住宅資産を失って信用を落としています。

もし、二千万円で建てた家が二〇年後に二千万円で売れたら、タダで住んだようなもの。

もしも、三千万円で売れたら、これはもう素晴らしい投資だ。

これを夢物語と思うのが日本で、欧米では当たり前の常識。よい環境にある・よい家は価値を落とさずに値上がりし、一〇〇年も二〇〇年も長生きするのです。

日本の常識である「新築市場」「スクラップ&ビルド」「二〇年でタダ」を、欧米の常識である「中古流通市場」「メンテ・リフォーム」「価値を持続」に替えようと、国は二〇二〇年までにリフォーム市場と中古流通市場を二倍にすると宣言、業界も不動産価値評価の手法を見直し始めました。

でもどこかで、「新築が減るからリフォームを増やし、動かない中古流通を活発にすれば……」と姑息なことを考えているとすればそうはいきません。

新築市場を中古流通市場に変えるには、大きな覚悟が要ります。

家づくりの様相は一変して、業界に嵐が吹き荒れます。

だから、**大逆転のHOME嵐《ラン》**！

さて、ホームランを打ったのは誰なのか？　打たれたのは誰なのか？

二〇一八年二月吉日

南雄三

序章

なんか変な日本

世界のあちこちを巡っているミミちゃんと日本に居るママがネットでやりとりしています……

MIMI

いまどこにいると思う？ポルトガルのポルトだよ。きれいでしょこの街。魔女の宅急便の舞台になったところなんだよ。私も魔女になって、箒に股がって自由に街の上を飛びたいなあ

MAMA

あらあら、もうそんな遠くに…。ポルトきれいねえ。でも、私にはポルトワインの方が魅力的。ちょうど私も東京ドームホテルの最上階よ。これが東京。広がってるだけで色もないし、魅力ないわねえ

MIMI

ママ、いまカナダのルーネンバーグに来てるの。素敵な建物でしょう。B＆Bなんだよ。ここに泊まるの！こんなにパリッとしているのに1830年につくられたんだって。この街にはこんな家が沢山あるの

MAMA

へー、素敵ねえ。日本にあったらお屋敷だわ。1830年ということはもうすぐ200歳？どうしてそんなに長持ちするんだろ。日本じゃ近くの家が壊されていたわ。まだ、30年も経ってないはずなのに

MIMI

ママ、なんか道ばっかり気になってきた。ここ何処だと思う。マヨルカ島だよ、スペインの。路地に入ったらこんななの。嘘みたいにきれいでしょう。あれってレストラン？それとも外でランチかな？

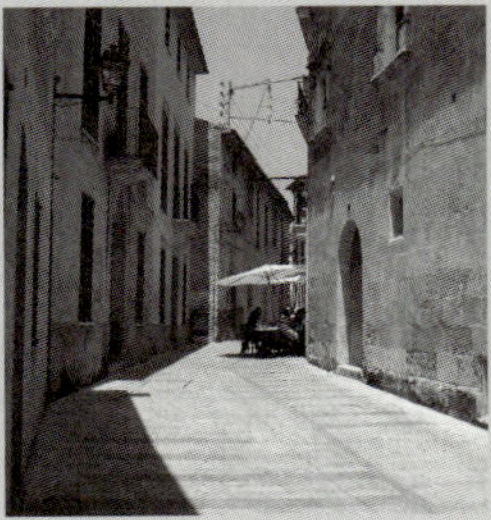

MAMA

ほんとにきれい。ランチだったらおしゃれだわねえ。日曜だから下町にいってみたらこんな風景だった。人気がないし、街も静まり返って他人顔。一人、おじさんが新聞の就職欄を…不景気だからね

MIMI

ママ、いまフランスの田舎を歩いているんだけど、すっごく素敵な壁画があったの。角の家がなくなっちゃったんだろうね。絵がなければ殺風景になるところを、さすがにヨーロッパだなあ

MAMA

絵を描くだけでもすばらしいのに、絵がいいわねえ。いったい誰がお金だしているのかしらね。なんだか悔しくなってきたわ。日本は選挙で大騒ぎ。街は選挙のポスターで一杯よ。これが日本ね

MI MI

ママ、いまドイツのロマンチック街道。見てよ、みんな池の氷でスケートしているんだよ。後ろに見える家に住んでいるのかなあ。私もこんな環境で育ったらもっと豊かな感性をもつ子になったのかな

MA MA

もうドイツなの。寒そうねえ。でも、近所の池でスケートなんて素敵。あなたは屋内スケートリンクで滑っていたものね。日本の子どもは塾に行く前に駄菓子屋さんに立寄り。高層マンションが不気味だわ

MI MI

ママ、ここはW.ディズニーが開発した理想の街セレブレーション。小さくておしゃれなダウンタウンがあって、水辺や公園に沿って家が建てられているの。夢の街はディズニーの映画だけじゃないのよ

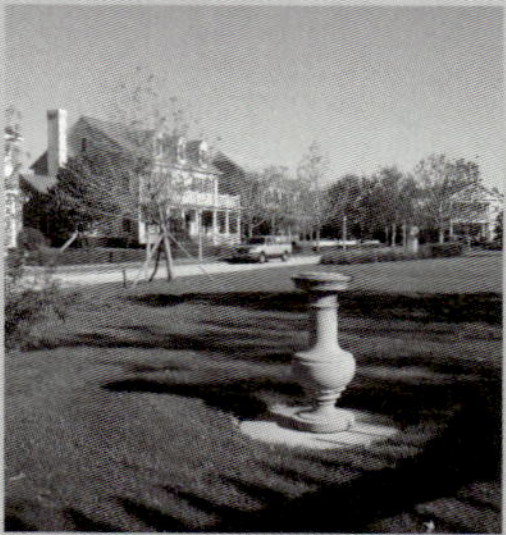

MA MA

私は墨田川でブルーシートの家を見つけたわ。でもなぜか、彼らの生活が理想にみえてしまったの。だって、右にセーヌ川、左にセントラルパークと思えば贅沢だし、家も税金もタダだし、仲間と一緒で楽しそう…

MIMI

いまロサンジェルス。このビルは外側だけ残して、中をそっくり改装するみたい。こうすれば街の表情が変わらないで、街へのアイデンティティが維持できる。でも工事は大変だし、デザインも我慢ね

MAMA

私も見たことある、外壁一枚だけ残してる現場を。なぜそんなにまで、街の表情にこだわるのかしら。東京じゃ今日も建物が壊される。気がつくと新しいビルが現れて…どんどん知らない街になるわ

MIMI

ママ、この二人素敵でしょう。赤いコートが目に飛び込んできて思わず後ろ姿を撮ってしまったわ。福祉がよくて豊かな老後を二人で楽しみながら生きているような…

MAMA

返す写真はないわね。日本のお年寄りは、家族に負担を掛けたくないと思って質素に暮らしているわ。なんとなくお荷物気分でね

こうして海外と日本の家、街、暮らしの違いがやりとりされていきます。
そこで浮き彫りにされたのが……

なぜ日本の家は30数年で終わるのか
なぜ日本の街は雑然としているのか
なぜ日本の暮らしは豊かでないのか
なぜ日本のお年寄りはお荷物なのか

一つ一つ別の理由がありそうですが……、実は……

1章

「なんか変」の理由

01 日本の家が短命な理由

日本の家は欧米に比べて短命だとはよく言われることですが、（**図1**）をみれば確かに短命なんだとわかります。

日本の常識では、家の寿命は三〇年です。家の寿命を示す代替わり周期でみれば、日本が三〇年なのに対して、米一〇三年、独七九年、仏八五年、英一四一年。つまり、欧米の家は日本の家の二倍も三倍も長生きなのです。

木造だから弱い？

阪神・淡路大震災が起きた一九九五年、木造住宅が沢山崩壊して、木造は弱いという印象を受けましたが、木造だからといって弱いわけではありません。

日本に比べれば、歴史の浅い北米にも木造の二〇〇年、いや三〇〇年たった家があって、今も現役を続けています。

日本にも築一〇〇年を超える木造家屋は沢山あって、拙宅（**写1**）も築九〇年を超えました。拙宅は大正元年に建てられた古住宅を二〇数年前に断熱改修した家で、改修する時にはボロボロでした（**写2**）。

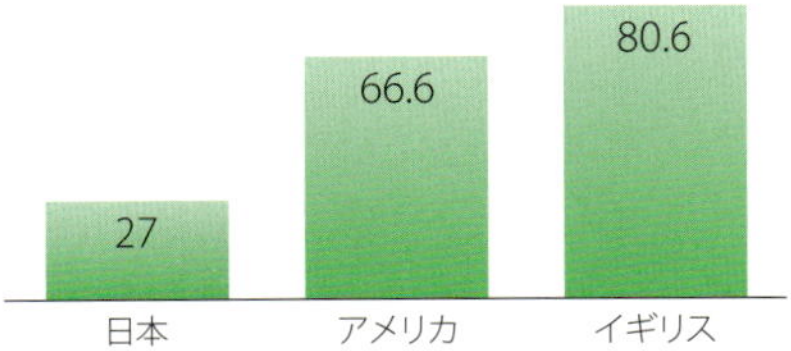

図 1　減失住宅の平均築後年数の国際比較
（平成 25 年国土交通省「住宅・建築物の省エネ施策について」）

写 1　大正元年に建てられた拙宅

写 2　断熱改修された拙宅

新しいもの好き？

いや、木造が弱いのではなくて、日本人は新しいもの好きで、古いものに感心が薄いといわれることもあります。そうでしょうか、確かに私も新しいもの好きですが、古いものに感動することもしばしばです。いまはリノベーションの時代といわれ、古い木賃アパートが所々ボロさ（といったら叱られるでしょうが）を残し、そんなレトロな雰囲気が若者に好かれています。

メンテが嫌い？

もう一つ、日本人はメンテナンスが嫌いだから……という声もあります。でも、私が子どもの頃は、畳の表替えや障子の張り替えをしていました。今の家は畳も障子もないし、アパートは改修できないし、メンテナンスする機会が減りました。五〇年前は普通にメンテナンスしていたのですから、日本人がメンテナンス嫌いとはいえません

では、なぜメンテナンス不要な家になったのでしょうか？

そして、メンテナンスフリーなピッカピカの建材を使っているのに、短命なのは何故なのでしょうか？

自分の都合で壊す

日本の家が短命なのは、私たち自身が自分の都合で壊してしまうからです。では、なぜ二〇数年で壊してしまうのでしょうか？　家が二〇年で資産価値を失うからです。つまり誰もが夢のマイホームと思って、一生涯のローンを借りて建てた家がたった二〇年でタダになってしまうからです。

日本で築三〇年といえば、住宅屋の営業マンに、「もう建て替え時じゃないですか」といわれてしまいます。

そういわれて振り返るわが家はあっちに「染み」、こっちに「痛み」がみえて、まるで自分の老けた姿を映しているかのようです。一緒に住もうと声を掛けてくれる息子夫婦だって、「二世代住宅に建て替えましょうよ」と声がうわずっています。

02 日本の街が雑然としている理由

旅行から帰ると……、欧州では「自分の町に帰ってきた」といい、日本では一戸建てに住む人は「自分の家に帰ってきた」といい、マンションやアパート暮らしの人は「自分の部屋に帰ってきた」と言います。日本人にとって街は懐かしい対象ではなく、誇りの対象でもありません。

夢のマイホームがつくる街

古い話ですが……、小坂明子が唱う「あなた」という大ヒット曲がありました。

もしも私が家を建てたなら
小さな家を建てたでしょう
大きな窓と小さなドアーと
部屋には古い暖炉があるのよ

ここまでは夢のマイホームの情景が浮かんで、ヤキモチでも焼きたい気分なのですが…、

小犬のよこには

あなたあなた
あなたが居て欲しい
それが私の夢だったのよ
いとしいあなたは今どこに

……ということで、この歌は愛する人が不在の寂しい夢物語……。

TVのレトロ番組で、この歌を聞きながらしみじみ思いました。夢のマイホームとは、「自分の好きなようにつくる家」のこと。生涯で一番の大きな買い物だから、生涯で一番大きな夢で、奥様はインテリアに夢中になり、ガーデニングに精を出し、旦那様は「城」をつくった気分でご満悦。つくる業者も誠心誠意、最大のお買い物に責任を感じながら「世界でたった一つのあなたの家」づくりに魂を込めます。

こうして出来上がった家は美しく輝やき、美しい街並みをつくるは・ず・な・の・に……。

なぜか目の前に展開する街並みは、息が詰まるような雑然（**写3**）とした白々しさ。夢のマイホームのなれの果てがつまらない街並なのは、なぜ？

周りに合わせれば雑多

日本の家が雑然としている理由を設計士や工務店らに問うと、日本人は環境意識が薄い

写 3　雑然とした街並み

から……という答えが返ってきます。

まるで業者側はきれいな街並みをつくりたいのだけど、建主が他所と違った表情にしてほしいというから……といわんばかりです。

たしかにそれもあると思いますが、街を見渡せば、高層のマンションもあれば、一戸建てもあり、アパートもあれば、倉庫や町工場、コンビニやスーパーまでが混在しています。中には一億円の家もあるでしょうし、その隣に軽量鉄骨のアパートが建っていることもあるでしょう。街並みに合わせて家をつくろうと思っても、こんな状態ではどうにもならないのです。

隣の芝にクレーム

日本では隣にどんな家がつくられようと、法に適合していれば拒否できません。

そんなこと当たり前だといわれそうですが、ノルウェーで聞いた話では、家を建て直すときには周辺の家々のサイン（承諾）を貰わないと、確認申請を受け付けてくれないといいます。

また、アメリカでは庭の芝刈りをサボっていると、隣からクレームをつけられます。法に適合していようがいまいが、隣におかしな家が建ったり、芝生がボーボーでみすぼらしければ、「家の資産価値が下がる」というクレームがつけられるのです。

Gallery——1

家が増殖していく

（**写真上**）は新幹線の中から撮ったもので、二〇〇二年に上梓した共著『資産になる家・負債になる家』（建築技術）でも紹介したミニ住宅地開発です。

周りは田んぼで広々しているから快適そうですが、その内に周りも宅地になって、ぎっしりと家が癌細胞のように増殖していき、最終的には緑のない殺伐とした町の広がりになってしまうのでは……と書きました。実は十数年経過したこのミニ開発を再び見つけました。さて、どうなっているでしょうか？（**写真下**）

いつの間にか周りにあった田んぼは消え失せて、アスファルトの町の中にありました。

Gallery——2
パステルカラーの路地

(写真上) は英国・ウェールズの町家です。いかにもつまらない家並み。戦後につくられた公共住宅なのでしょうか。でもちょっと先の路地には、鮮やかなパステルカラーの家が並んでいました **(写真下)**。よく見ると、つまらない家と同じ町家でした。

誰かが壁に色を塗り、他の家も塗って……、二つ、三つと増えていく内に、路地全部がカラフルに彩られたのでしょう。そこには「家の資産価値をみんなで上げようよ」という意欲と、プレッシャーがあったに違いありません。日本にはこの二つがないのです。

03 日本人が豊かでない理由

カサブランカの別荘

眼下に別荘の群がみえます。プールの青さが眩しくて羨ましい限りです（写4）。ここはスペイン・アンダルシア地方のリゾート地にある白い街ミハスです。カサブランカ（白い家）が群れる（写5）足元に、別荘の群があります。一軒五千万円で、所有者はバカンスで訪れるイギリス人だとか。

一緒に見ている仲間の工務店や設計事務所の面々は「なんと贅沢な話」と気にくわない顔。皮肉をぶつける相手がいないので、私に向けて「南さんお金持ちなんだから、一軒買ったらどうです？」と冷やかしてきます。誰もが別荘を「買い物」感覚で考えているので、お金持ちでなければ買えないと思うのです。

写4　イギリス人が所有するという別荘

写5　スペイン・ミハスのカサブランカ（白い家）の街並み

なぜイタリア人は幸せなのか？

息子さんがフィレンツェに留学して、何度か遊びにいっている間にフィレンツェが好きになり、自分も日本を出てしまった山下史路さんの著書『なぜイタリア人は幸せなのか』（毎日新聞社）を読んでみると、そこにはイタリアの不動産事情が満載されています。

「イタリアでは家は売ると儲かるらしい」「周りの人達の話を聞いていると、七割は別荘をもっているようにみえる」と書かれています。

「この家は高く売れる」「別荘を持つ人が沢山いる」という二つの話を、ミハスの別荘に当てはめれば……「バカンスにくる英国人は別荘を買うけど、将来もっと高く売れる」のだったら五千万円は使い捨ての買い物ではなく投資であって、儲けの種。日本で中国の人たちがタワーマンションを買い漁っているのと同じに、税金対策であり投資なのです。

二〇年で資産価値がゼロになる日本では、家をもつことは買い物と同じ、ところがイタリアもスペインも家をもつことは投資。値が上がったら売るのです。日本で別荘はお金持ちの贅沢でしかありませんが、ここではもちろん贅沢ですが、金の成る木でもあるのです。

五〇〇兆円が消滅

（**グラフ1**）は、日本の住宅ストックとアメリカの住宅資産額を示したものです。日本は住宅投資額累計が増えても、住宅資産額は横ばいです。一方、アメリカは住宅投資額累計より住宅資産額が大きくなっています。つまり、アメリカの家は資産価値があって、投資を上回っているということ。

日本の家は消費財だから、建てたその日から資産価値を失って、その損失額は実に五〇〇兆円というのです。一、〇〇〇兆円強の借金を抱えている日本ですが、もし五〇〇兆円の資産が家のストックで加算されたら、国債の評価はもっと高くなるはず。

家が二〇年で資産価値を失うことは、国の富（国富）まで小さくしてしまうのです。

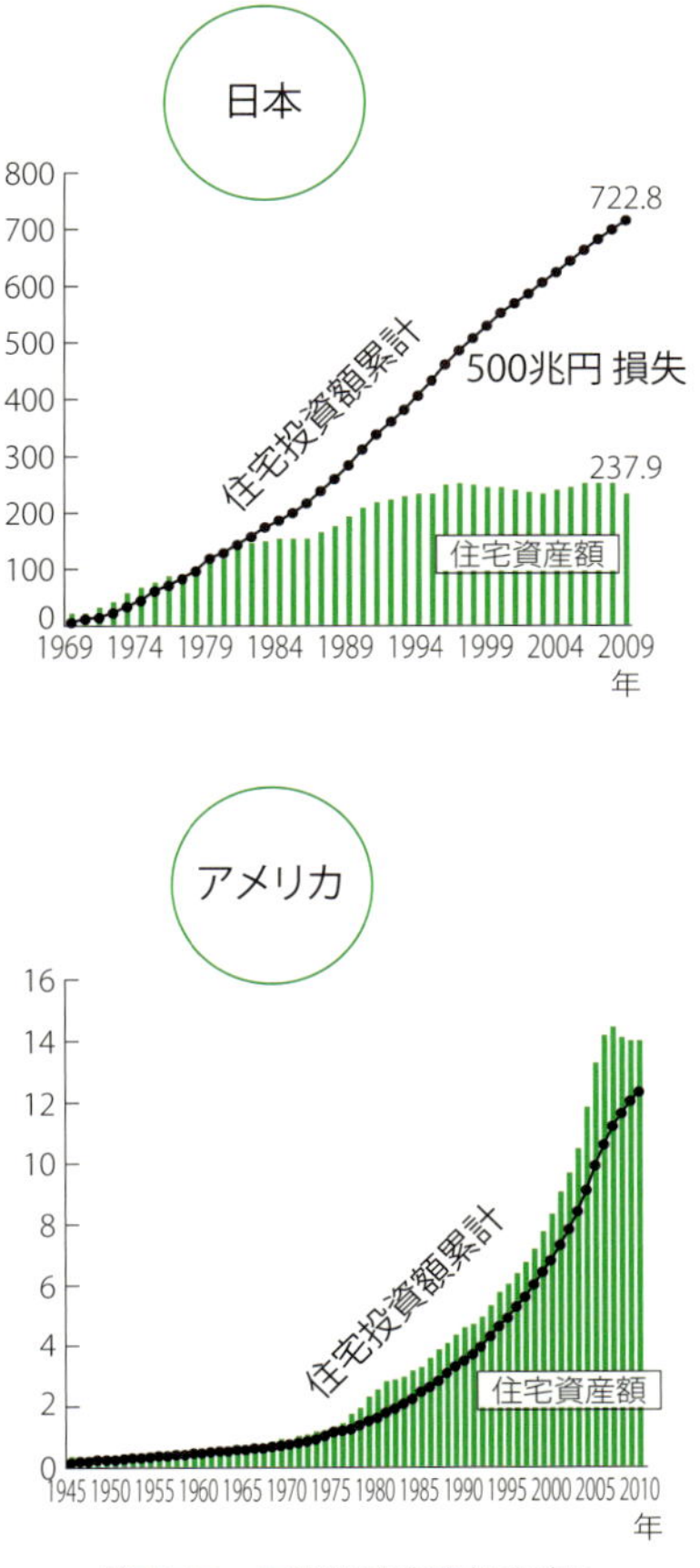

グラフ1　日米住宅資産額の違い

出典：野村資本市場研究所「我が国の本格的なリバース・モーゲージの普及に向けて」引用編集

04 日本のお年寄りがお荷物な理由

日本はいま、人口減少、高齢化、大都市集中、過疎、空家の五重苦で、これを解決するには「高齢者が減って、若者がガンガン出産し、地方を創生し、新築を減らして、空家をリノベすればよい」となるのですが、ここで邪魔者扱いが「（私も含めた）高齢者」と「新築」です。

日本の老後は暗いトンネルのようです。不安だらけの将来で、どんどん守りに入ります。ちびちびとお金を使い、こそこそと出かけ、「いつも面倒掛けて済まないね」を連発するわびしい毎日。こうして日本のお年寄りは「お荷物」意識で固まっているのですが、それは日本だけの常識で、世界は違っていました。

世界の福祉施設を視察しようと思い立ったのは二〇年以上も前のこと、現衆議院議員・山井和則氏が一九九一年に著した『体験ルポ　世界の高齢者福祉』（岩波新書）を読んだのがきっかけでした。そこには日本とはまるで違った北欧の高齢者の姿があって……、そこから私の北欧、アメリカの高齢者施設視察が始まりました。

女性を外に出すことから始まる福祉

戦後のスウェーデンは、近隣諸国の復興需要で潤い、労働力が不足しました。労働力を補うには外国人か、高齢者か、女性かの三つの選択肢がありました。結局、女性を職場に出すことが選ばれ、それを可能にするために高福祉・高負担が始められました。

それまでは日本と同じに、妻が親と子の面倒をみていたのです。女性が男性と対等な働き手になれば所得税が発生し、夫の扶養から外れてダブルで税が増えます。この税収増で国は親の介護と子どもの教育を担い、女性が出産しやすい環境を整えて、人口と労働力の増強を実現したのです。

子は、国が整備した教育環境で育ちながら一八歳で独立します。親も二四時間態勢の手厚い介護サービスを在宅で受けながら、自分らしさを失わない暮らしを続けます。

ここまで知れば、スウェーデンの高齢者福祉が実は経済的に最も合理的なもの……、という計算で成り立っていることがわかります。

したたかな福祉政策

それどころか、寝たきりになれば介護費が膨らむからと、手前のケア（在宅介護）を充実させました。日本だって在宅介護が基本ですが、それは「住み慣れた自宅での介護」を意味し、スウェーデンの在宅介護は、日本的にいえば２ＬＤＫもある「快適な家に一人で暮らす」という贅沢なもの（**写6**）。

それが手厚い福祉と外からはみえるわけですが、そこまでしても寝たきりになるより安く済むというしたたかな計算があります。

計算高い福祉なんて嫌らしい……と思われそうですが、科学的な計算に基づいた介護は受ける方も気持ちがよく、自立した生活は人権と生きがいの双方を充実させて誇り高く、活き活きしたものになるのです。

福祉がよくて、老後が安心なら、誰も貯金しません。若い頃から税金はめちゃくちゃに高いのですが、それも将来の安心料とすればわかりやすくていい。福祉というとお荷物のイメージがつきまといますが、彼らは仕事して国家に尽くした人間の当然の権利だと、あくまで誇り高く考えます。

日本では老後が気になって貯金し、子供たちにもいい親を装い、一人で生きて行くんだといいながら子供に心配を掛け、子供は親の安否を「見守り装置」で確認します。せっかく老人のための施設をつくっても、本人は行きたがらないし、子供もそんなの可哀想だという。

なんとなく「愛」という言葉が、虚しい響きで跳ね返ってきます。

アメリカのシルバータウン

アメリカだって福祉がよいとは思えません。福祉の前に働け……というのが、日米共通

一人暮らしには贅沢にみえる広い部屋。これが北欧の在宅介護

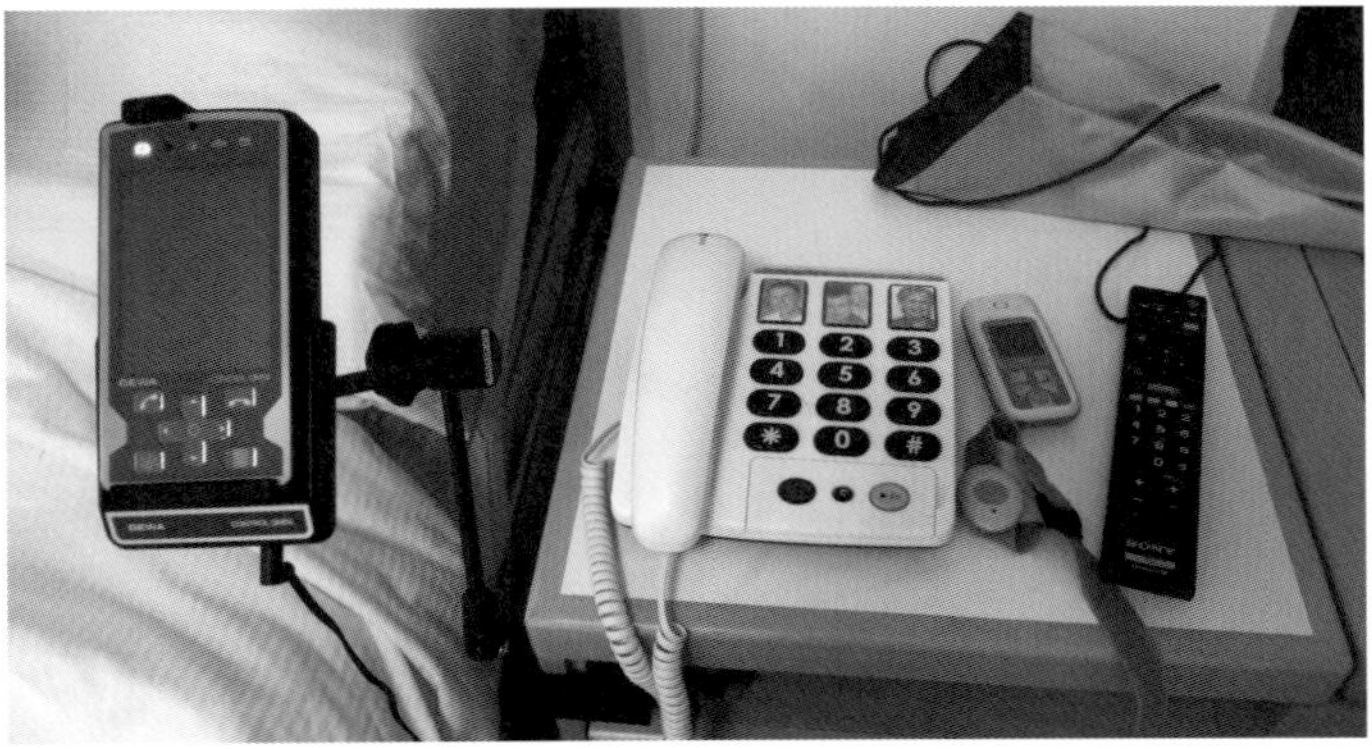

枕元には通信機器が充実。24時間、外からの介護が受けられる

写6　スウェーデンの介護施設モデルハウス

の理念にみえます。ところがアメリカには、資産を食いつぶして余生を送るという「夢の老後」がありました。これをアメリカン・ドリームといいます。

私の目の前に現れたフェニックス・サンシティーウエストの、あの光景が夢でなくてなんでしょう（**写7**）。椰子の木が伸びる住宅街はゴルフ場に隣接していて、まるで高級リゾート地にある別荘暮らしの雰囲気。真っ黒に日焼けしたお爺ちゃんが、若々しくゴルフ用のカートで走り回り、センターではボランティアのお婆ちゃんが華やいでいます。

夫婦のどちらかが五五歳以上だったら入居の権利があり、ただし子供を連れてはこれません。施設に入るのでもなく、アパートでもなく、シルバータウンの中に家を持つのです。老人たちのどこにそんな金があるのかといえば、今までの家を売って得た資金。子供たちに面倒みてもらわないのだから相続なんてする必要はないし、ここで現世から極楽に暮らせばよい。でも、老後のお金はきれいサッパリ売ってきて、箪笥貯金も不要です。でも、老後のお金はどうするのか……。日本ならわずかな年金といったところですが、彼らにとっては年金に変わるもの、家の資産価値があるのです。

リバース・モーゲージ

彼らはここで家を持ちます。それを担保に金融機関からお金を借りるのですが、終生同じ額のお金が毎月届きます。普通のローンは一度に全額が送られてきて、少しずつ返済し

男性はゴルフ用のカートで走り回る

女性はカルチャーセンターで華やぐ

こんな立派なリビングに夫婦だけ

庭は水辺にあって、ゴルフ場に隣接

写7　米フェニックスのシルバータウン：サンシティーウエスト

ていきますが、ここでは少しずつ借金が増えていって返済しません。金融機関は家の資産価値分に見合う融資額を設定して、月々少しずつ送り続けるのです。これを「リバース・モーゲージ」といいます。

お年寄りが亡くなればその家を売って、貸したお金を回収し、余れば子供に相続されます。つまり、老夫婦は老後の資金を食いつぶして天国に召されるのです。これは福祉ではありませんが、福祉を超えた「ご褒美」のようなもの。

ボランティア

シルバータウンではサービス（管理）のすべてがボランティアで行われるので、住民税がありません。警察も消防もボランティア。もちろん凶悪犯罪や大火事になれば、州から応援がきます。ボランティアはやりたい者がやればよいのであって、やらなくても誰も責めないし、頑張っても誰も褒めてくれません。

仕事してた方が楽しくて、ボケ防止になって、住民税が消滅。ボランティアはきれいごとではない、ちゃんと自分たちに利益をもたらすという考えに科学が見えます。

これでいいと感心しながら、ここに入居できる老人たちはアメリカ社会で成功した人たちだけと気づきます。だからこそドリームであって、富が偏るからこそ夢になる。

そう思うと、北欧の福祉の方が正解のように思えて心は揺れてきます。

では日本は？　もうここまでくると情けなくなって、同行者がぽつりと「夫婦二人の老後なんて楽しいのかなあ？」。気がつけばこの一〇年、奥さんと映画を観たことも、喫茶店でお茶したこともないようで。愛……を大事にする日本人なのに、夫婦の愛すら見つけられないとは、あー、もう考えたくない……。

そんな私たちの目の前を、真っ黒に日焼けした住人がカートに乗って全速力でぶっ飛ばしていく。その風の力強いこと。

「文句あんならあんたも来なよ」という声が聞こえてきました。

2章

資産価値のない理由

01 家に価値がない

日本では木造住宅の場合、築後二二年経過すると、価値は残存価額（一〇％）だけになります。まだまだ使えるのにこれはヒドイという声が出て当然ですが、実態はそれよりひどくて、二〇年もしないのに残存価格しか残っていないと評価されるケースもあります。これを不動産用語で「土地値」といいます。土地の値段しか付かないということです。

さらにヒドイのは、不幸にもローンの支払いができなくなって家が競売に掛けられた場合に、家の内容が良くも悪くも、一律床面積当たり同じ値で評価されてしまうことです。

木造住宅は耐用年数二二年

不動産評価の中に「原価法」というのがありますが、木造住宅は㎡当たり一五万円（並）～二一万円（上級）で、耐用年数は二〇～二五年（税法上は二二年）で計算されます。

つまり、二〇年～二五年経過すれば価値ゼロ。三五年の住宅ローンを借りていたら、ローンが残っている間に、家の方はタダになってしまうのです。

なのに、固定資産税の経年減点補正率は二〇年以降二〇％で変化しません。つまり、五〇年経っても税を払い続ける必要があるのです。

※固定資産税評価額＝再建築評価額（建築コスト×五～七割が一般的）×経過年数に対応する経年減点補正率（一〇年経過：〇・四九、一五年経過：〇・三五、二〇年以降：〇・二）

家と土地を別々に評価

日本では家と土地は別々に評価され、別々にローンが設定されます。これは日本の常識です。でも、日本だけの常識のようです。

土地は家があって初めて価値が生まれるし、家は土地の上に建つのですから、家と土地が別々に扱われるなんてあり得ないこと……、というのが世界の常識です。

日本では「土地は何坪あるの？、家は何坪あるの？」と聞きたがりますが、欧米でこんな質問をしたら「はっ？」と怪訝な顔をされてしまいます。家と土地を一体で捉える彼らは、そんな細かいことは知らないのです。

海外は中古流通が盛ん

家と土地が別々に評価されるので、土地が売り買いされる時に家は邪魔者扱いされて壊されてしまいます。一方、家と土地が一体に評価される欧米では、売り買いされる時に家が壊されることはありません。日本の家は消費財でしかないのに、欧米の家（家＋土地）

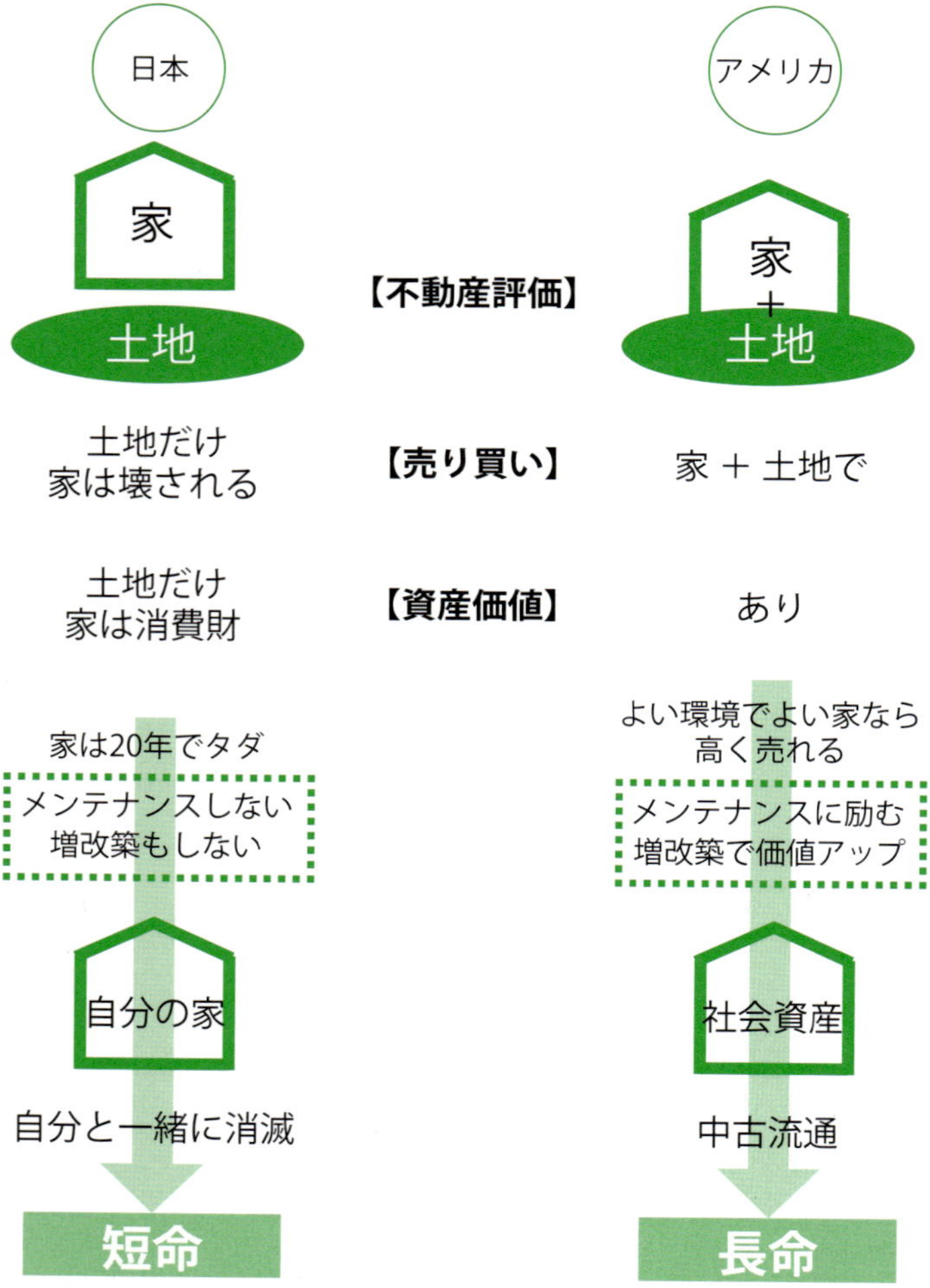

図 1　日米の住宅価値の違いと寿命の差

は資産価値をもち、よい環境にあり、よい建物であれば、高く売れるのです（**図1**）。

日本では買い物感覚で家を求め、それは自分のもので、自分と一緒に消滅すればよいと考えます。マンションなら将来一戸建てに住み替えるという意識はありますが、戸建住宅に住めば、それが住宅双六の「上がり」で、もう動こうとしません。こうして私有物である家は短命に終わるのです。一方、資産価値のある欧米の家は「社会資産」として捉えられ、売り買い（中古流通）を繰返しながら長生きしていくのです。

五二頁に、日本と欧米の新築と中古（既存）流通の割合をグラフで示しました。日本以外は圧倒的に中古流通が多いのに、日本は新築の一五％しか中古流通がありません。しかも2／3はマンションで、一戸建てはほんの少ししか流通されません。つまり、日本は圧倒的な新築市場で、欧米はその逆に圧倒的な中古流通市場なのです。

一に環境、二に環境、三に環境

欧米では住宅の中古流通が盛んで、売るたびに儲かるという話を聞きます。何度聞いても「そんなバカな」と思いますが、高くなる家の条件は「一にロケーション、二にロケーション、三にロケーション」だそうで、家と土地は一体でもやっぱり土地が重要なようです。だったら日本と同じ。日本だって家はタダになっても、土地は値上がりしてきました。

でも、それはバブルの頃の土地神話で、今では小さく上がったり下がったり。土地で資産を大きく増やすことは期待薄です。所有者不明の土地が九州とほぼ同じ面積であるというニュースに驚かされたりして、今では土地を所有することがお荷物なこともあるようです。

でも、日本と海外ではロケーションのイメージが違うようです。日本のよいロケーションは「駅に近い方が高い」で、海外のよいロケーションは「安全で緑に溢れ……」だったり、「この街には有名大学への合格率の高いハイスクールがある」だったり……。

アメリカではまだまだ土地があるので、真っ新な土地に理想の街を建てることが今も行われています。四七頁に理想の街を紹介します。

Gallery——3

❸

❹

ディズニーがつくる理想の街

セレブレーション（米・オーランド）

ディズニーワールドのあるオーランドで、ウォルト・ディズニーが構想した理想の街「セレブレーション」。最終人口一二、〇〇〇人。伝統的な街に理想をみる伝統的近隣住区開発（TND）に基づき、職・住・遊を網羅して、歩いて廻り、人と触れあう街づくり（❶、❷）になっています。ダウンタウンはミニマムサイズ（❸）ですが、これで十分なんだと気づかせられます。建築は有名建築家がデザインを競っています（❹、シーザー・ペリ設計の映画館）。

❶

❷

02 価値がないからメンテしない

年数で減価償却

欧米の家は、購入した価格より評価が下がることを「水面下」と呼びます。その状況は日本の新聞記事にまでなるほどの由々しき事態。日本なら竣工したその日から価値が下がって、常に水面下なのに……大きな違いです。

家の評価で用いられる原価法は、価値（積算価格）を算出するのに、まずは同じ家をつくるとすればどれほどのコストになるかを計る「再調達原価」を設定して、これに「減価補正」を行います。

再調達原価で評価するのは素晴らしいことですが、減価補正のところで耐用年数による判断が行われるため、二〇年～二五年でほぼタダの評価になってしまいます。

木材や建材がまだまだ元気だとしても、年数で減価償却されてしまうのです。欧米の中古住宅が値を下げないのは、この減価償却の判断が日本と違うためです。元気な木材や建材は原価を下げないし、プレミアがつくような材があれば高額で評価されます。労賃も運賃も以前より今の方が高いとすれば、家の価値はインフレ分も確実に高くなるのです。

メンテで価値を維持

とはいえ重要なのは、日頃からのメンテナンスです。定期的な塗装メンテなどを怠れば、材の価値は下がります。（**写1**）はアイルランドの小さな村で、少年が木製窓に塗装している様子です。日本では外部に木材を使わないようにしたり、外壁は塗装メンテの必要なモルタルを嫌って、乾式なサイディングが好まれます。サイディングは表面に凹凸した柄があり、耐候性のよい塗装が焼き付けられ、メンテナンスフリーです。

写1　窓をメンテする少年

写2　DIY店には標準化されたドアが並ぶ

どことなく偽物の雰囲気が漂いますが、無垢の板やモルタルが雨水の染みをつくったり、汚れたりするのに比べればピッカピカで気持ちよい……ということで、戸建住宅の多くがサイディング張りになりました。その姿をプラモデルと称する人もいれば、模型のようだという人もいますが、見慣れてくると「日本の家は薄っぺらいけど清潔」という気持ちにさせられます。あまりにも見慣れてしまったマインドコントロールなのですが。

メンテナンスフリーは短命の元凶

面白いのはメンテナンスフリー自体が短命と重なっていることで、三〇年くらいの寿命なら手を掛けたくないという気持が反映しています。

サイディングは柄・色という表情をもっている以上、メーカーのオリジナルが反映し、流行の柄・色、または独創的なデザインで差別化をネラッたものになります。それがまた建主を喜ばせるのですが、流行や差別化に彩られたサイディングは、いったいどれだけの「べっぴんさん」寿命があるのでしょうか。

一〇年後には製造していないとすれば、一一年後に車がぶつかってへこんでも補修することができません。メンテナンスフリーとはメンテしなくて楽……だけでなく、将来メンテできないという意味でもあるのです。

高断熱化が進む欧州では、断熱が組み込まれたパネル工法が多くなっていますが、そこまで施工の合理化を図ったとしても、外壁には昔と変わらず煉瓦を積んだりします。サイディングを使えば早いのに……と声を掛ければ、「一〇〇年後にない材料は使えない」という声が返ってきます。でもアメリカでは、塩ビのサイディングがよく使われています。それは新築にではなく、外壁が痛んだり、断熱のない家を改修するケースに使われるのです。

リフォームも育たない

圧倒的な新築市場の日本ではリフォームも進みません。新築の1/2.5しかないのですが、そういわれてもピンとこないかもしれません。そこで五三頁に日本と欧州を比較したグラフを示しました。イギリス、フランスでは新築とリフォームがほぼ半々で、ドイツに至ってはリフォームが新築の三倍もあるのです。

なぜ日本では、リフォームが活発にならないのでしょうか？　日本の戸建既存住宅の多くは、お年寄りが世帯主の家で「先が長いわけじゃなし、面倒だからいいよ」と断られることもあるでしょうし、「年金暮らしでリフォームなんかできないよ」というのも本音でしょう。要するに、リフォームも新築と同じに買い物感覚で、贅沢な出費なのです。

アメリカでは、リフォームの1/3をＤＩＹでこなしているといわれます。日本のクローズドな建材と違って、ホームセンターに行けば誰でも手に入れられるオープンな建材が支配するアメリカでは、ＤＩＹによるリフォームが盛んなのです（**写2**）。

Gallery——4
中古（既存）住宅市場

日本は圧倒的な新築市場で新築が九八万戸（二〇一三年）あるのに、既存住宅流通は一七万戸しかありません。アメリカの新築着工数は五八・七万戸（二〇一三年）ですが、景気の良し悪しで乱高下するので、この年はこの程度だったと思わなければいけません。人口が日本の二倍なのに、日本より少ないのです。イギリス、フランスに至っては人口は日本の半分ですが、新築着工数はそれぞれ一三万戸、三三万戸しかありません。

そして、日本以外は既存流通の方が新築より何倍も多いのに、日本は既存流通が全戸数の一四・七％しかないのです。さらに、日本の中古住宅流通の中でマンションが占める割合は2/3強。戸建住宅では、一万戸程度しか既存流通していないのです。

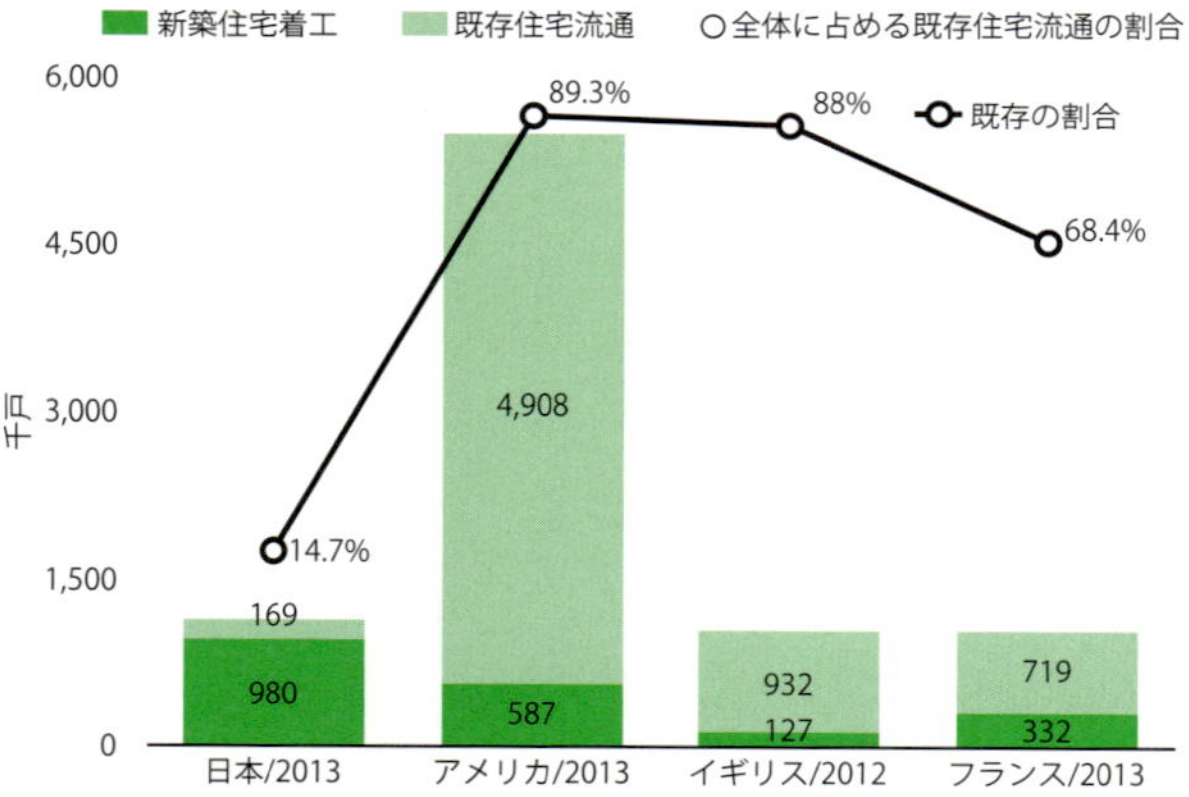

各国の新築住宅着工数と既存住宅流通戸数の比較

出典：日本・総務省「住宅・土地統計調査 2013」、国土交通省「住宅着工統計 2013」

Gallery——5

リフォーム市場

日本のリフォーム市場は、住宅投資の二八・四％しかありません。新築は七一・六％ですから、リフォームの二・五倍もあります。イギリス、フランスは、新築とリフォームがほぼ半々、ドイツではリフォームが新築の約三倍にもなります。

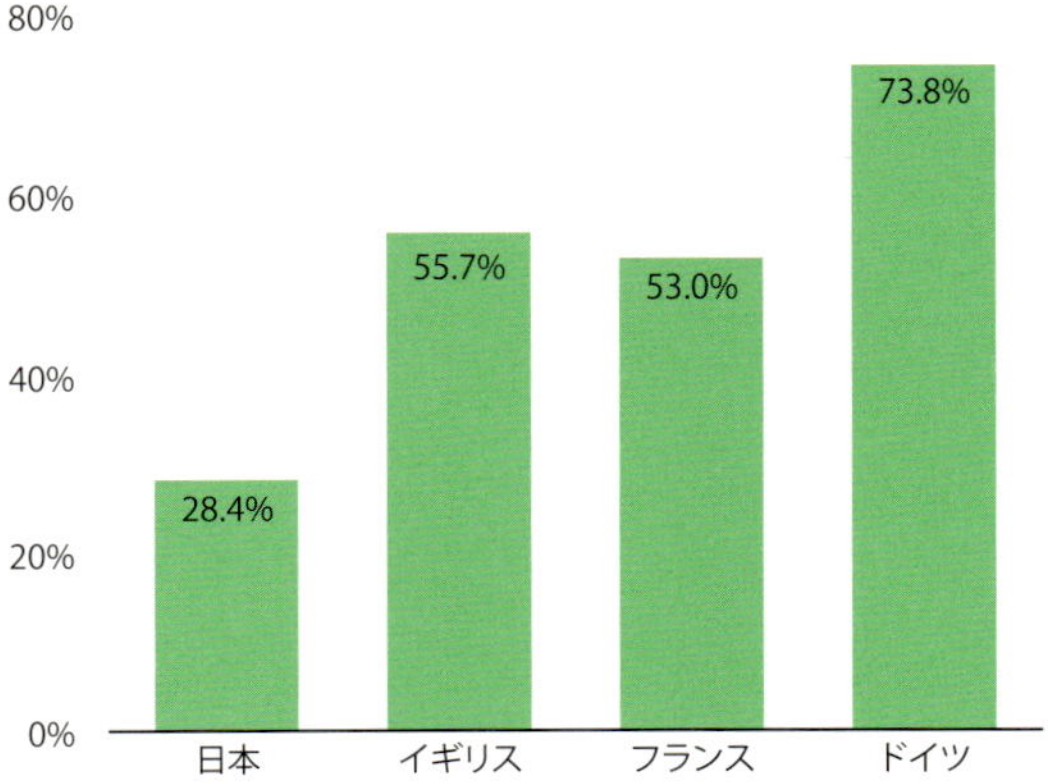

住宅投資に占めるリフォーム投資の割合の国際比較

出典：英国、仏、独：2013、ユーロコンストラクト資料
日本：2013（財）住宅リフォーム・紛争処理支援センターによる推計量

そして、家に資産価値があればリフォームは買い物ではなく、将来高く売るための投資になるので、面倒どころか儲けようと頑張れるのです。日本でリフォームが進まないのは、ここでも資産価値がないためといえるのです。

03 命懸けローン

純負債と純資産

日本では二〇年ほどで家の資産価値を失いますが、三五年返済の住宅ローンを借りていれば、タダになった家に住んでローンだけ払い続けている状態。その差は純負債となります（**グラフ1**）。一方、欧米の家は家の資産価値が上昇するので、ローン残高より常に家の価値の方が上にあって、その差は純資産となります（**グラフ2**）。

なので、日本で家を新築した友人が、「家ができたのに、ちっとも嬉しくない」と言っていたり、他の友人は「竣工祝いの後で初風呂に入りながら、ローン返済が不安になってブルブル震えた」と言います。生涯に一度の楽しい買い物は、生涯掛けて返す莫大な借金を負ってのこと。こんなリスクがあるのですから、先行きの景気に不安があれば家づくりは遠い夢にみえてしまいます。

人に貸すローン

日本の家はローンが終わる前にタダになるので、ローン会社は家を担保にお金を貸せませせん。そこで、建主の信用で貸すことになります（**図2**）。どこの会社に勤めていますか?、年収はどれくらいですか?と質問されて、次に保証人を要求されます。これを保証協会で……と交わすのですが、さらには生命保険の加入が求められます。その理由を問うと、「旦那様にもしものことがあっても、ご家族が安心して暮らせるように」という答えが返ってきます。

日本の住宅ローンはリコース・ローンで、リコースとは訴求という意味です。もしリストラされてローンが払えなくなったら、建主は家を手放すことになります。家は競売に掛けられますが、ローンの残金以下でしか売れません。残った借金をローン会社が「支払え」と追ってきます。これを訴求というのです。

お金がないから家まで手放したのに、まだ借金に追われるという地獄。「もしものことがあったら……」の意味は、「自殺して払ってください」を意味していたのでしょうか。だとしたら怖すぎます。住宅ローンはまさに命懸けローン。初風呂の中で、ブルブル震えて当然なのです。

日本の自殺者数は一四年連続三万人を超えていましたが、二〇一二年から二万人台になり、年々減少し、二〇一六年度は二一、八九七人で二二年ぶりに二・二万人を切りました。それでも二・二万人も自殺者がいて、二〇一三年以降の分析では世界ワースト六位（厚生労働省分析）でした。自殺の理由では、「経済・生活問題」が約三、五〇〇人（全体の一六％）もいて、住宅ローン苦はその中に入ります。

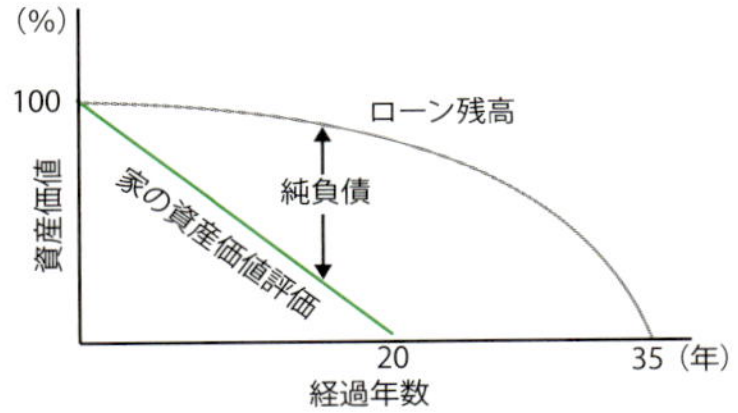

グラフ1　日本の家は20年ほどで価値ゼロ

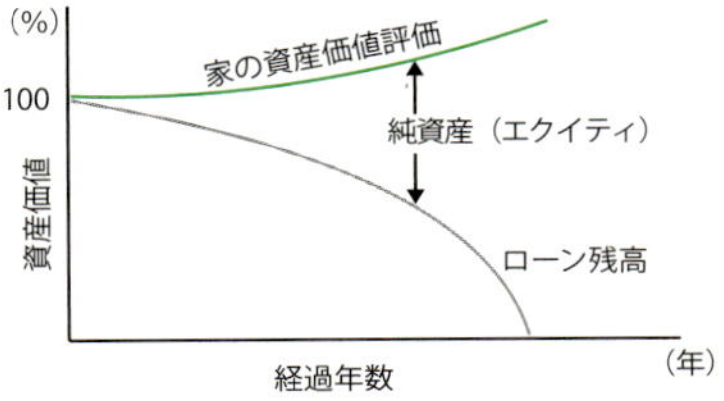

グラフ2　米の家は価値がアップ

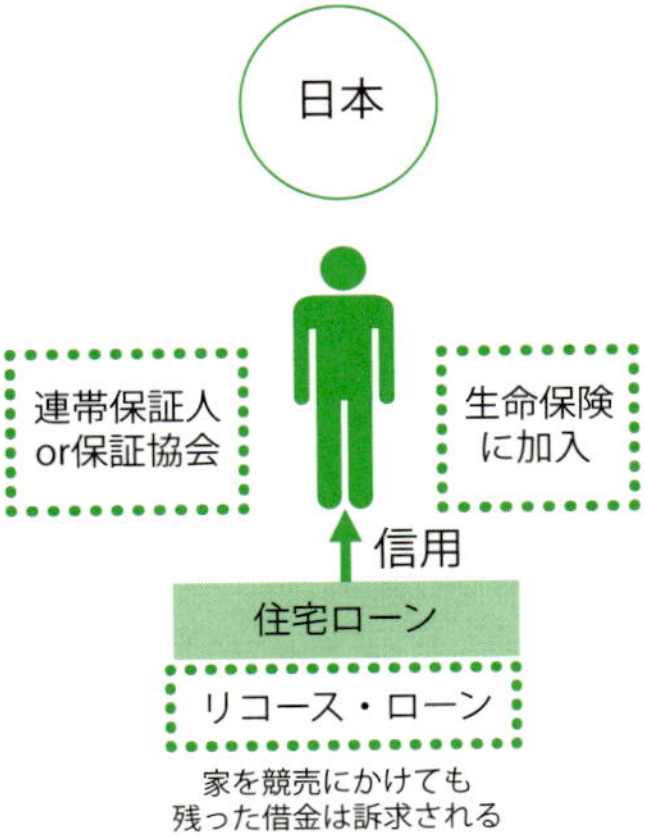

図2　日本はリコース・ローンで、
人の信用で貸す

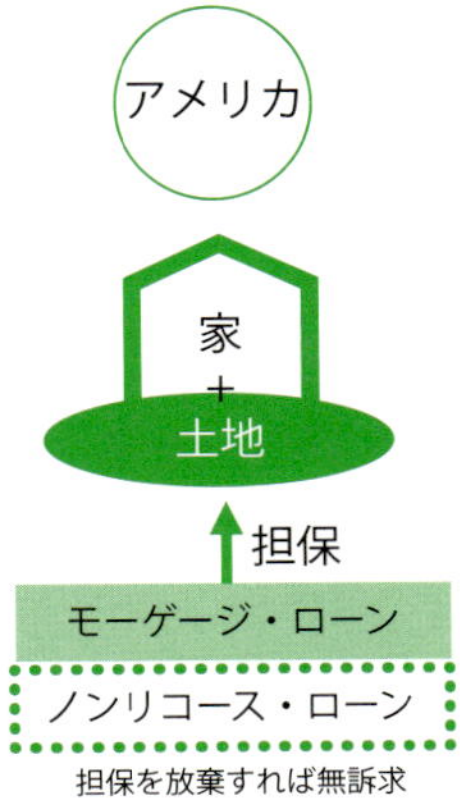

図3　米はノンリコース・ローンで、
家が担保

家担保・無訴求

アメリカでは家＋土地を担保にしたモーゲージ・ローンが組まれるので、資産価値があれば借りることができます。また、ローンはノンリコース（無訴求型）なので、支払い不能になったら家を手放せば、それ以上借金取りに追われることはありません（**図3**）。

日本の命懸けローンに比べたら、どれだけ安心なことでしょう。そして、個人の信用ではなく家の価値が担保なので、よい家をつくる（買う）可能性が広がります。日本では懐具合で、家の中身も予算次第で押さえつけられてしまいます。

テレビドラマでこんなのがありました。東京の郊外に家を建てる条件つきの分譲地を購入し、業者と設計の打合せをしている奥様。夜遅くまで「こんなキッチンで、こんなフローリングで」と夢を膨らませながらカタログをめくっていましたが、打合せが煮詰まってくると……、「なにが自由設計よ、これは価格外、あれも価格外、これじゃ何も選べないじゃないの」と怒りの涙……。

信用が大事

アメリカでは物件がよくて、お金にまじめな人であればローンが組まれます。だからフリーターでも家が買えるのだ……、という在米日本人の手記が雑誌で連載されました。フリーターでも信用されるの？と疑ったのですが、彼曰く「コンビニでも必ずクレジットカードで買い、ちゃんと毎月返済すれば、それが大きな信用になるんだよ」。

『世界一愚かなお金持ち、日本人』の著者マダム・ホーはこんなことを言っています。「日本では学歴や職歴を信用の判断基準にし、アメリカは発想の新鮮さを重視する。そして、中国人は人相で判断する」と。

土地と建物の価値を担保にしたモーゲージ・ローンなら、よい家には高額なローンが期待できるのです。

ローン会社のリスクは重い

とはいえローン会社にしてみれば、モーゲージ・ローンでノンリコースはハイリスクです。日本だったら融資額を小さくして安全を図ることになるのでしょうが、アメリカでは将来高く売れる物件となれば、高額を、しかも低利で融資します。

（**グラフ2**）のように物件の価値とローン残高の差（純資産）はエクイティといい、エクイティがあれば「あなたの家は値上がりしていますから、その分で車を買い換えたらいかがですか……」とさらなる融資を提案します。その逆に物件の価値が水面下にでもなれば、危険な状態なので利率を上げるという暴挙に出たりします。

それでも、居住者がギブアップして家を手放してしまえば、競売で借金が残っても、訴求されません。したがって、担保価値については確かな評価をしなければなりません。適切な評価をするためにインスペクターが現況調査をし、不動産鑑定士が価値評価をします。

消費者も目利き

戸塚真弓著『パリ住み方の記』（講談社文庫）は、パリで四年間に三度も引っ越しを繰り返した顚末記です。「売る」と「買う」を同時に行うということがどんなことかが詳細に書かれていて、そういう経験のない私にはとても興味深いものでした。今週末は自宅を公開するとタウン誌に広報し、観に来た人に奥さん自身が営業します。翌週は、自分が新たに住む家を物色しに出掛けます。引っ越すだけで一杯一杯の日本人には、想像もつかない労苦にみえますが、営業と値踏みの両方の目が鍛えられていきます。

こうして売り買いを繰り返す欧米の人たちは、誰もが「家の目利き」になっていくのです。当然、プロだって安閑としてはいられず、家造りが高いレベルに持ち上げられるのです。

建築病理学

（写4）は、英国ロンドン郊外にあるリノベーションセンター内に建てられたモデルハウスです。レディング大学のスティーブン・マイカ先生がモデルハウス内で、家の腐朽とその改修方法について講義しています（**写5**）。マイカ先生は建築病理学を起こして大学で教え、教え子はサーベイヤー（不動産鑑定士）となって住宅の状況調査を行います（**図4**）。その結果が、資産価値の評価につながるのです。単にどんな建材が使われ、腐ったり痛んでしていないか……を診る現況調査（インスペクション）なら生物学的な知識は不要です。でも、なぜ腐り、なぜかびているのかを生物学的に観察し、その原因には結露や雨漏りが考えられる……と推察を進めていければ、腐っている部分を取り替えればよい……という域に終わらず、原因を取り除くまでの広い視野での改修方法と費用を探り出すことができます。英国を中心に、こうした建築病理学が学問体系として広がり始めています。

日本のお年寄りはお金持ち

日本の老後は不安だらけ、だから僅かな貯金にも手を出さずに……というのは嘘で、日本のお年寄りは実は大変な資産家なのです。

（**グラフ3**）をみてください。なんと世帯主が六〇歳代、七〇歳代は総資産が四、八〇〇〇万円もあるのです。そういうお年寄りもいるだろう……というのではなく、世代の平均ですから驚きます。講演でこの話をすると、誰もが「うそ！」と狐につままれたような顔をします。そして、「うちの親はもってない」といってみたり、「相続は借金だけ」といって

写 4　英国リノベーションセンター内のモデルハウス

写 5　講義するマイカ先生

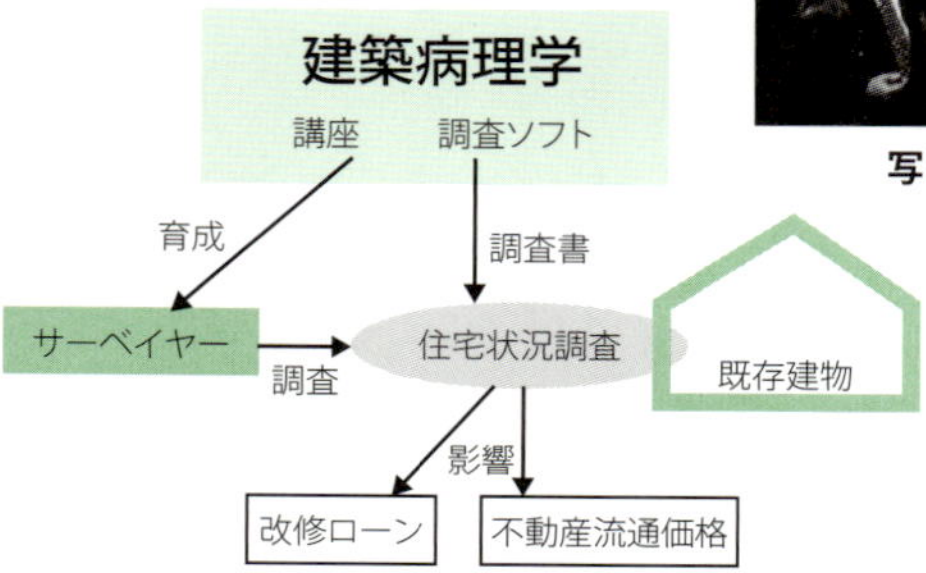

図 4　建築病理学を学んだ者はサーベイヤーになって住宅の資産価値を評価

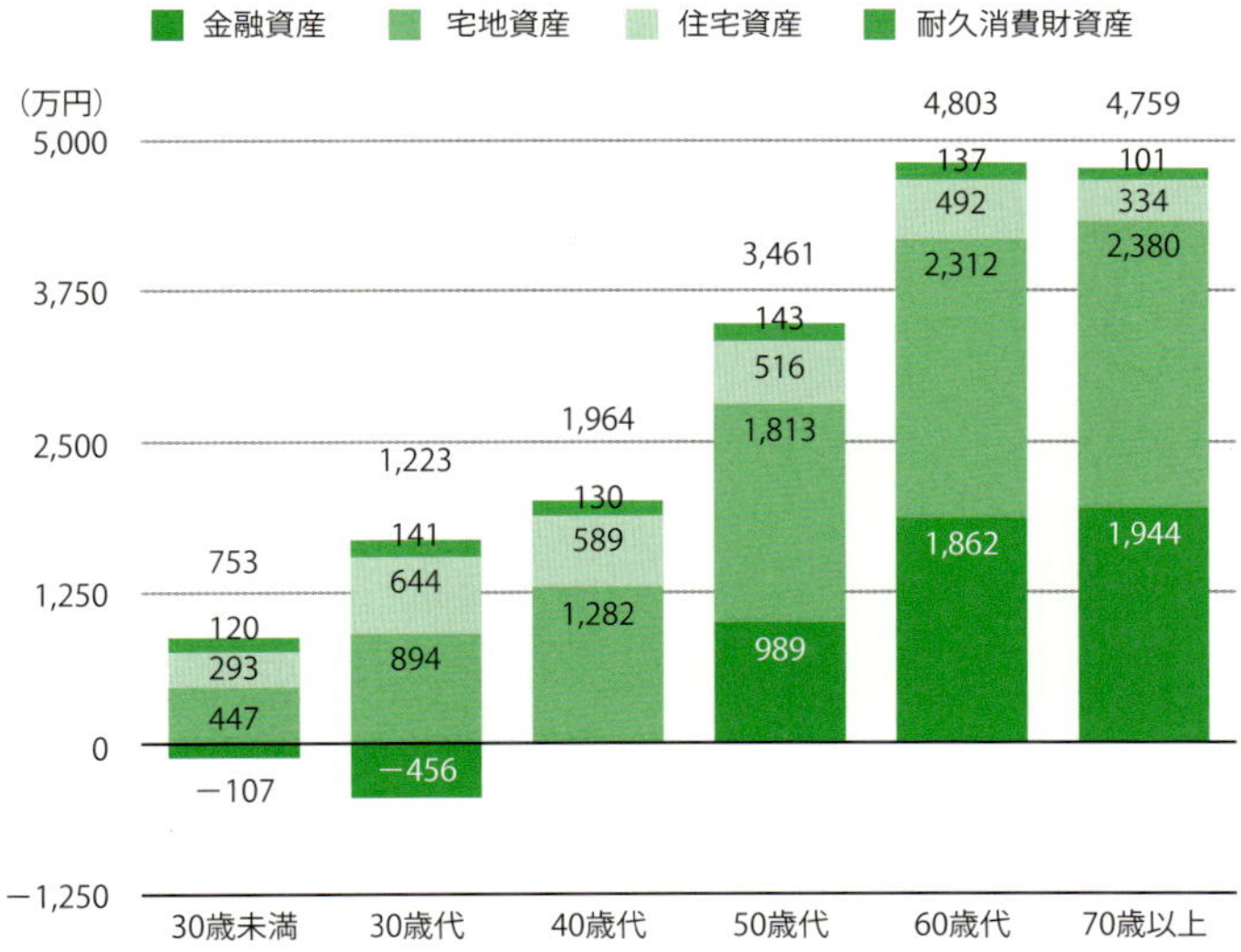

グラフ3　世帯主の年齢階級別1世帯当たり家計資産の内訳（2人以上の世帯）
（総務省「平成26年全国消費実態調査・家計に関する調査」）

みたり、誰も信じようとしないのです。

お荷物意識で慎ましい生活をしているお年寄りの方が、若い世代よりお金持ち。なのに、仕事もしないで年金もらっていたのでは申し訳ないほどです。

収入は六〇歳になれば減少するのに、最長老が最も大きな資産をもっているのは、宅地資産が値上がりしているからと、五〇歳代までに住宅ローンなどの負債を終わらせているからです。面白いのは宅地と住宅とでは、宅地が八二〜八八％を占めて圧倒的なことです。家に資産価値のない日本を象徴しています。

これだけの資産をもっているのに使おうとしない理由は、老後が不安で貯金には手をつけずに年金で暮らし、土地と家は子どもに相続するつもりで触らないから。

アメリカのお年寄りがシルバータウンで夢の老後を過ごしているというのに、負けずにお金持ちの日本のお年寄りが、お荷物気分で慎ましい生活をしているのはおかしなこと。財産食い潰して、ジャパンドリームな老後をやってのければよいのに……。そして、スウェーデンのように福祉が充実すれば、老後の不安はないので貯金はきれいに使ってしまうことができます。

日本は一、〇〇〇兆円の借金を抱えていますが、それでもギリシャのような危機にならないのは、海外から借金をしているわけではないことと、莫大な資産が箪笥の中に隠されているからです。この潤沢な財産の、せめて貯金くらいは使ってしまおうと思えば、日本の老後はもっと豊かなものになり、日本の経済は上向きになるでしょう。

04 よい家をつくれば高く売れる

住宅ローンの支払いに追われ、欧米のようにバカンスをとったり、日曜日にはオシャレしてレストランで食事をすることもなく、せいぜい盆休みに田舎に帰り、休日はファミレスで家族と食事が精一杯。

そんな平凡な生活ではあっても、家をもつことは資産階級への仲間入りを示してステータスです。ローンが済むまでせっせと仕事に励みましょう……というのが、少し前までの大人の意識でした。でも今の若者は家をもつことがステータスではなく、ローンを支払った後もお年寄りはお荷物気分の生活を続けています。

もし日本も、モーゲージ・ローンでノンリコースになったら、若者だって安心して新築に走るだろうし、高福祉で老後の不安がなくなったら、お年寄りは箪笥預金をどんどん使うだろうし、その中でもお金持ちは家を担保にシルバータウンで余生を送ることができます。

家に価値があって、二〇年後に同じ価格で売れたら、タダ同然で住むのと同じこと。もしかしてもっと高く売れれば、それはもう魅力的な投資になります。

マダム・ホーは、「金持ちになるには貯金してもダメだし、宝くじもだめ、資産価値のあるものに投資しないと」と述べています。

ドイツのエネルギー自立の村、ヴィルトポルツリートの村を視察した時のこと、村長直々の解説の中に「日本もドイツもゼロ金利政策をとっている。こんな時に確実に儲かる再生可能エネルギーに投資するのは当然だ。日本ではどうだ？」と聞かれたので、「日本では企業は投資しても、個人はしない」と答えました。

外国人からみれば「日本人は金儲けの下手なお金持ち」。給料だけで慎ましい生活をしていくのが日本の常識なら、世界の常識は「給料で生活して、投資することで金持ちになる」こと。投資しないで、お金持ちの日本人は不気味にみえることでしょう。

日本の家づくりには「よい家をつくれば高くなる」はあっても、「よい家をつくれば高く売れる」という文言はありません。

高性能住宅は高くなるから補助金をつけなければ普及しない……と考えるのが日本の常識ですが、スイスの高断熱ミネルギー基準の家は、「三〇年後には、法令基準の家に比べて資産価値は九％高くなる」とチューリッヒ州銀行が試算しています（滝川薫著『サステイナブル・スイス』学芸出版社）。高性能なら将来高く売れるのですから投資効果があり、しかも快適を享受し、省エネになって燃費で得をする。これだけでも十分なのに、ミネルギー基準の家には補助金がつきます。それはご褒美のようなもの……、投資を促す飴なのです。

ここまで日本と海外の違いを知ってしまうと、「投資して儲けろ」とけしかけられているようでプレッシャーを感じますが……、日本人らしく「儲ける」までは要らなくても、せめて家が将来高く売れてくれれば」、いやそこまでも望まなくても「二〇年後にタダにならず、六割でも七割でもあれば」というくらいでも、日本の家と街は大きく改善されます。なぜなら、家づくりの「形態」をガラッと変えることができるからです。

これまでのやりとりを六八頁で図にまとめてみました。ここまでくれば、解説不要でしょう。

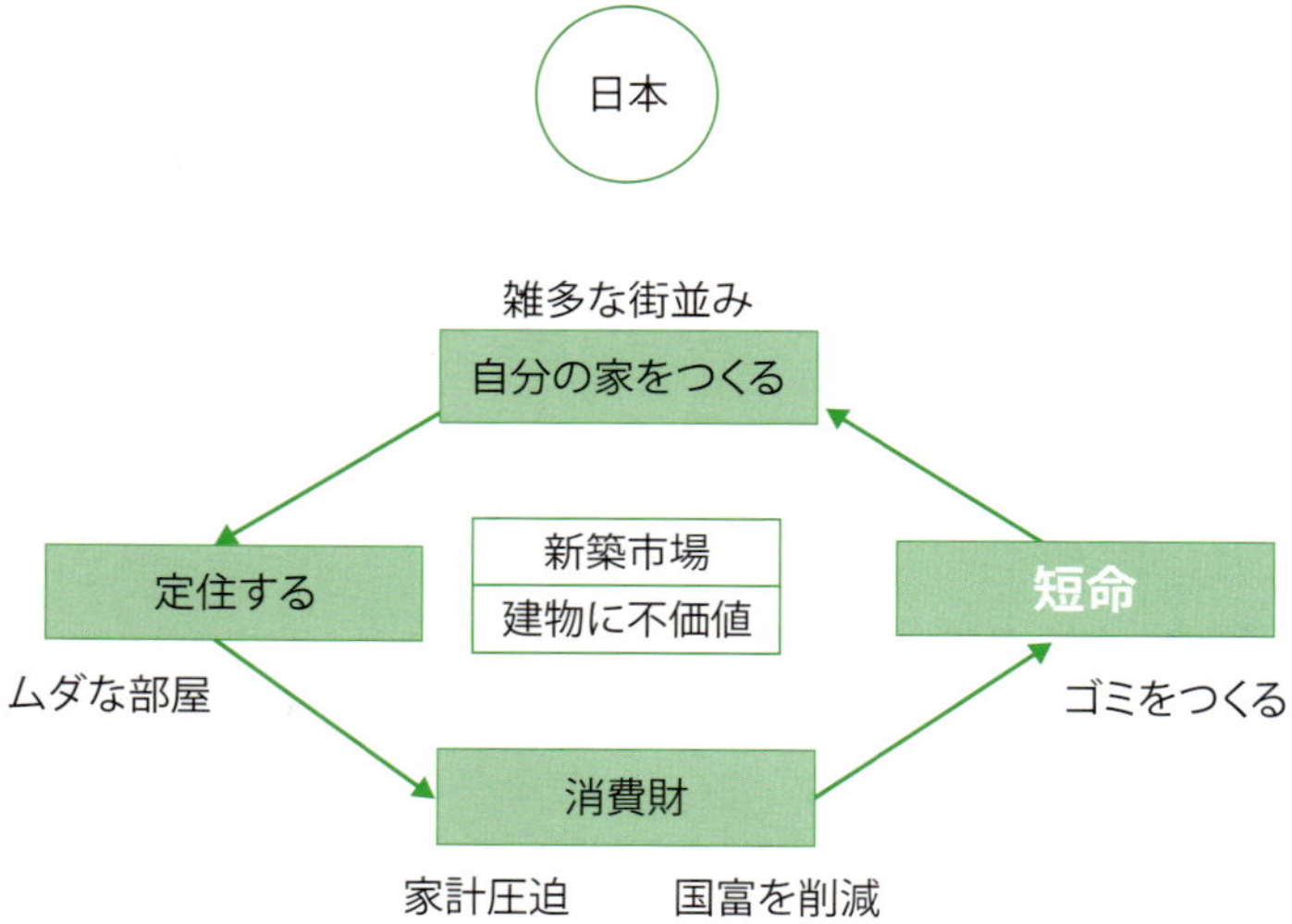
日本
雑多な街並み
自分の家をつくる
定住する
新築市場
建物に不価値
短命
ムダな部屋
ゴミをつくる
消費財
家計圧迫
国富を削減

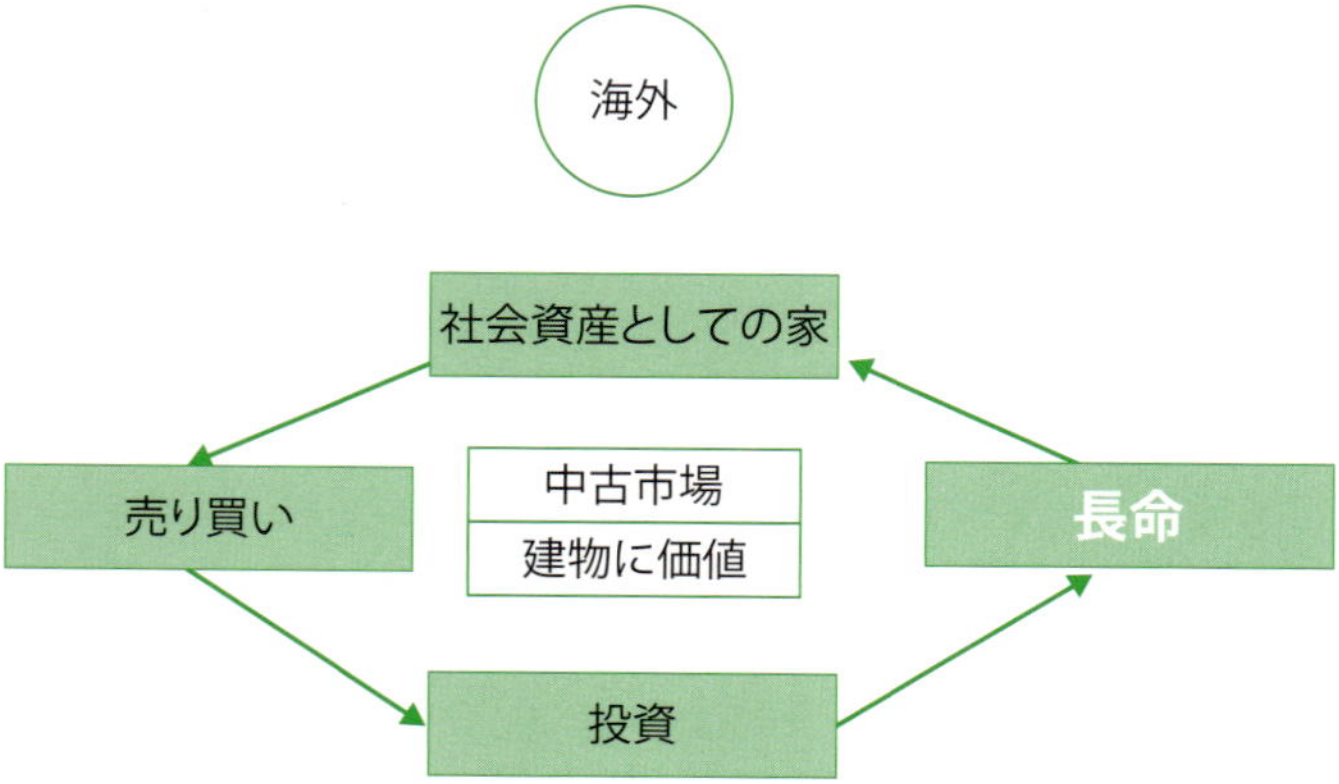
海外
社会資産としての家
売り買い
中古市場
建物に価値
長命
投資

3 章

資産価値の条件

01 家の資産価値を高める

日本の家が短命で、街は雑然としていて、暮らしは豊かにならず、お年寄りがお荷物意識でいる理由が「家に資産価値がない」ことだと述べてきました。

では、これを改革して家に資産価値を持たせるにはどうすればよいのかを考えてみましょう。

戦後のバラックからはじまった住宅事情は、急激な経済発展の中であれよあれよと立ち止まることなく拡大してしまいました。結果は、スクラップ&ビルドを繰り返しながら雑多な街をつくってしまいました。

立ち止まってみれば二〇年で家の資産価値がゼロになるのはおかしいし、家の所有者にも国にも大きな損失……ということに気づき、政府は不動産市場の整備と居住環境の整備を目的に、建物評価の検討と中古住宅流通促進に向けて動き出しています。

実質的経過年数

家の鑑定評価は「原価法」「取引事例比較法」「収益還元法」の三手法ありますが、戸建住宅では「原価法」が一般的で、耐用年数が絡んで二〇～二五年で価値を失うものになっています。

これに対して、アメリカでは原価法より取引事例比較法が重視されています。一律に築年数で評価されることがないのです。

また、原価法では耐用年数で減価額を求める手法としては同じですが、そこに「実質的経過年数」という概念が存在します。これは建物の劣化や老朽化に対して、改修した結果やメンテの質を考慮して評価するものです。

何やら難しいことを書いてしまいましたが、つまり、単に築年数で減額するのではなく、

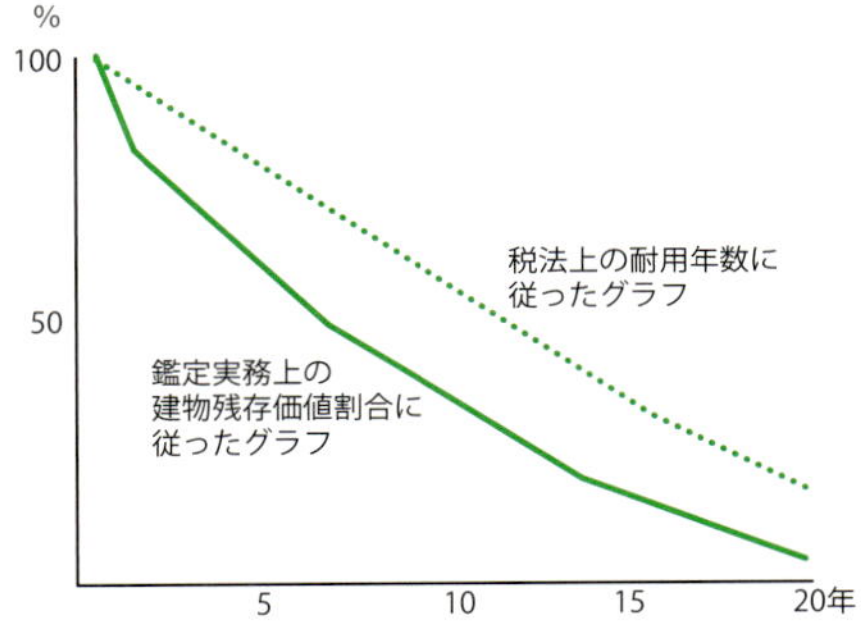

グラフ１　戸建住宅の従来の残存価値率

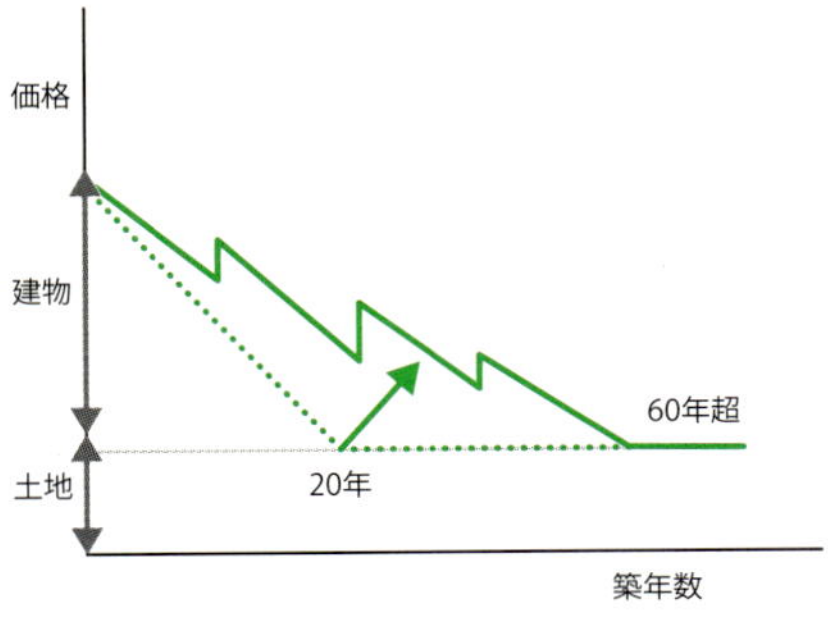

グラフ２　リフォームによる質の向上を反映した評価

メンテやリフォームによる質の向上を加味して評価するのです。

そのイメージが（**グラフ1、2**）です。リフォームによる質の向上で、建物の資産価値が高まっています。

優良リフォーム

「実質的経過年数」を活用するためには、建物の現況調査を充実しなければなりません。

そこで、国はインスペクション・ガイドラインを策定し、適正な中古住宅流通について、（**図1**）のように誘導しはじめました。

また、優良なリフォームとして中古住宅の現況調査（インスペクション）を行った上で↓改修計画を立て↓工事を行い↓リフォーム瑕疵保険が発行され↓改善状況を把握し↓履歴に残す、という全体を網羅して質を高めていきます（**図2**）。

こうした質の高いリフォームにより「実質経過年数」が長期化し、資産価値の減額を抑えることができます。

適正な中古流通

そんな家を中古流通するには、インスペクションを行い↓不動産評価し↓既存住宅売買

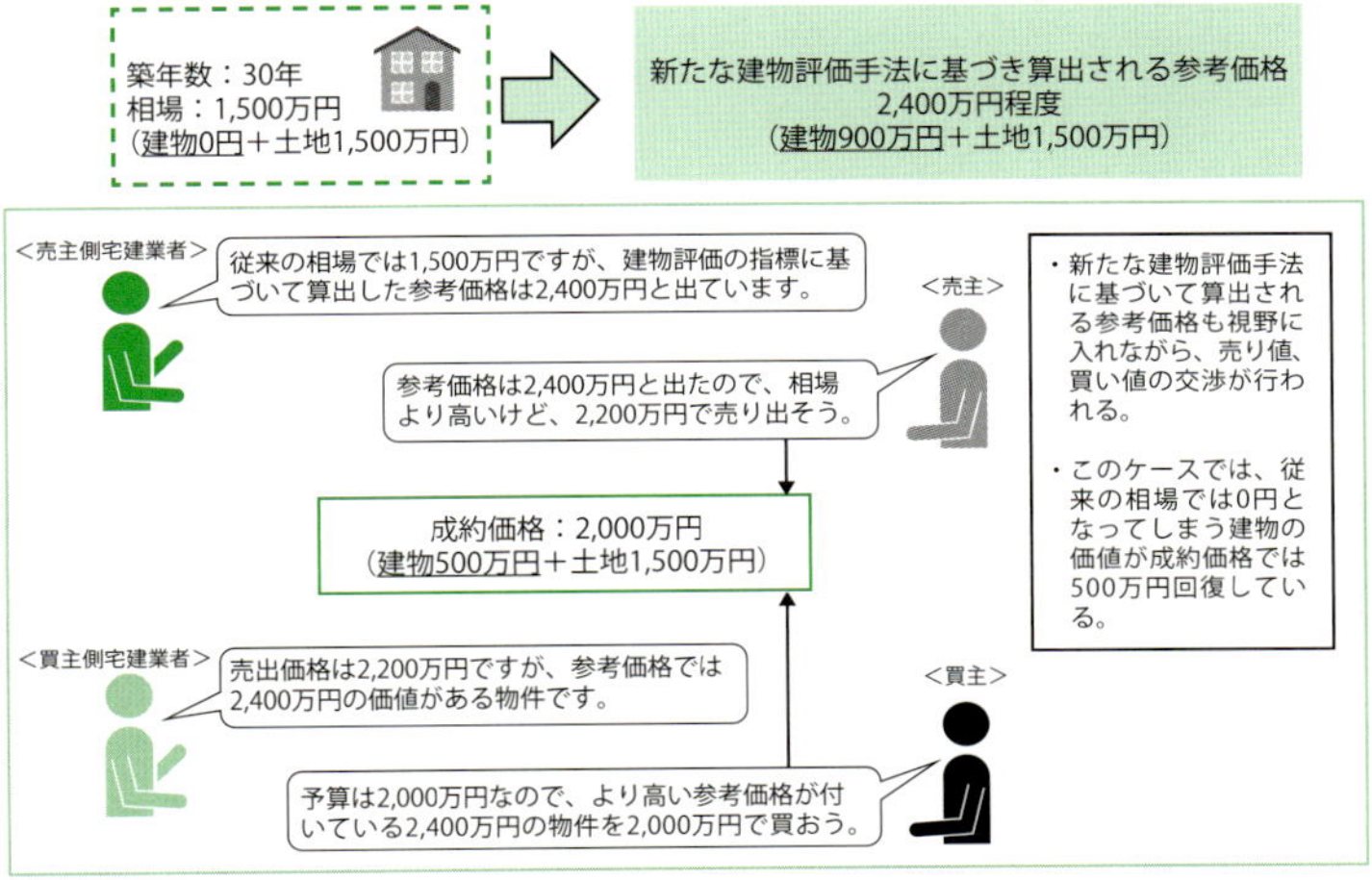

図1　参考価格の提示により期待されるマーケットでの効果（モデルケース）

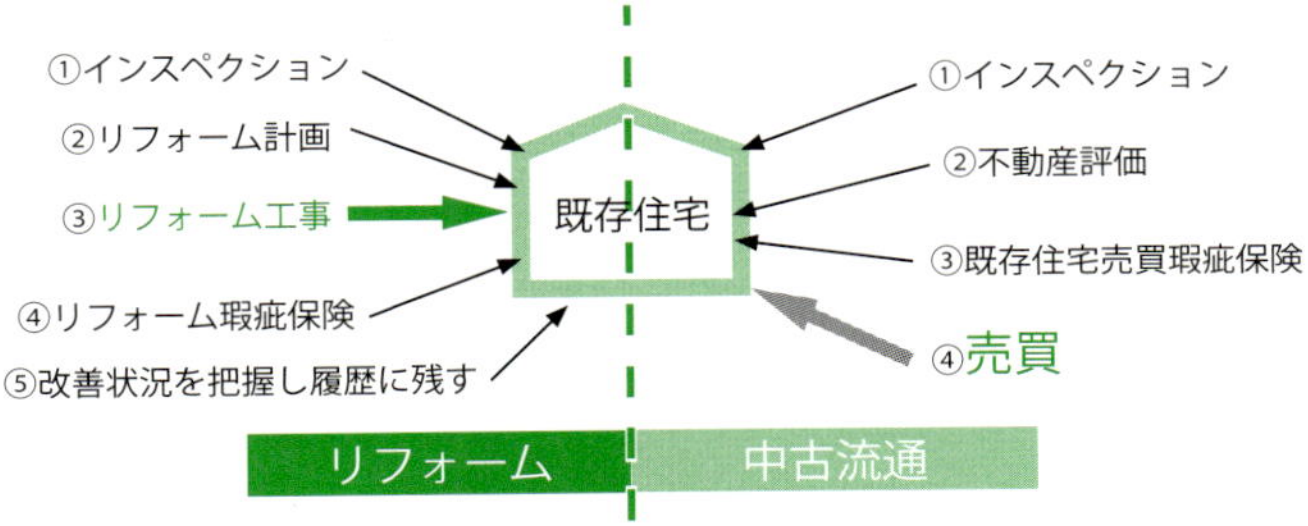

図2　日本がめざす優良リフォームと中古流通の活性化

瑕疵保険が発行され↓売買される……という流れで進めていきます。

こうして今は資産価値のない日本の家ですが、近い将来には価値の低下を抑えるものになることは間違いありません。

ただ、これでもまだ水面下。欧米のように購入価格よりも市場価格の方が高い……というところまではイメージされていません。でも、当座はそこまで狙わなくても、二〇年でタダになるような異常な環境は改善されるに違いありません。

そうなることによって中古流通が活発し、メンテ・リフォーム市場も拡大していきます。家は消費財ではなくなり、二、〇〇〇万円で建てた家が、二〇年間住んだ後に、買った時の半値（一、〇〇〇万円）で売れたら、二〇年でタダになるのに比べて一、〇〇〇万円得したことになり、しかもこれまで年間五〇万円の家賃で住まわせてもらったことになります。水面下とはいえ、大きな利益が見込めるのです。

ということで、これから家を建てる人は資産価値を失わない家をつくらなければ、大損してしまいます。では、資産価値のある家の条件を整理してみましょう。2章で知った「資産価値にならない理由」を裏返せばよいのです。

02 資産価値のある家の条件（図3）

①まず、「自分の家」では自分と寿命は一緒です。家を社会資産としてつくり、その家を幾世代もの家族が、家族のサイズに合い、気に入った間取りを確認しながら住み替えていく中で、家は歴代の家族に愛され続け、長持ちしていきます。

②資産価値を維持するためにメンテに励み、リフォームをして、価値をさらに高めます。

③そのためには、木構造、断熱などの工法と建材のすべてが、標準化されたオープンなものである必要があります。

④家の性能は高耐震、高耐久、高耐火のレジリエンス力を持ち、

⑤温熱的にも空気質にも健康で、省エネである必要があります。

⑥また、長寿命である以上、長期に亘って価値を落とさないデザインが要求されます。さて、ここまでくると「具体的にどうすればいいの？」というプレッシャーで重い気持ちになってしまったのではないでしょうか。もちろん、つくるのはプロである業者です。その業者も、皆さんと同じに日本の家づくりに疑問など持っていませんでした。

皆さんとともにこの本を読んで、現状の異常さに気づき、資産価値のある家の条件を理解して、これからの家づくりに反映させていくのです。

ということで、まずは現状の業界がどうなっているのかを探ってみましょう。

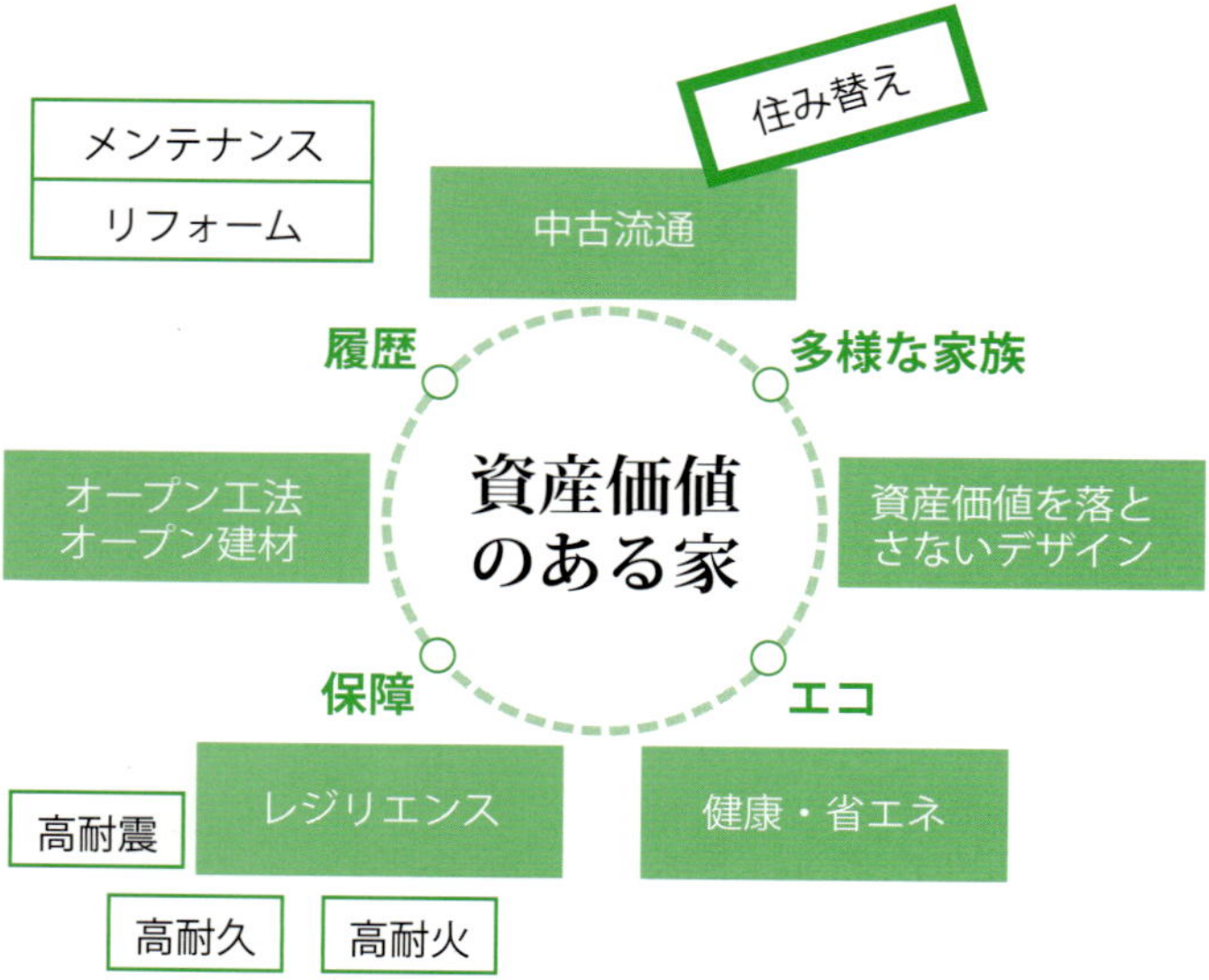

図 3　資産価値のある家の条件

4章

家づくりの業界

日本は圧倒的な新築市場であり、リフォームが進まず、中古住宅流通が少なくて、短命だと述べてきました。もう一つあるんです。それは、海外に比べて「家の価格が高い」ということです。比べるのは難しいのですが、国土交通省のデータに（**グラフ1**）を見つけました。以前の同じデータではもっと差があったのですが、日本が頑張ったのか、海外が高くなっているのか、大分近づいてはいますが、それでもまだ日本は高いのです。質がよいから高いのであればよいのですが……。

01 複雑怪奇な業界

家を建てようと思い立ったら、まずは住宅展示場に行ってみるのが日本の常識です。住宅展示場にはＴＶ・ＣＭで知っている大手ハウスメーカーのモデルハウスが並んでいます。大手ハウスメーカーは年に数千、いや一万棟を超える戸建住宅をつくっています。

一方、地場に根ざした工務店は年に数棟から数百棟の規模で、大手ハウスメーカーとは比べようもありません。

でも、数万棟もつくるハウスメーカーがいるのも日本だけの常識です。アメリカではデベロッパーが規模の大きな宅地開発をして、そこに家がつくられていきますが、施工するのは小さな業者の集合体です。

大手ハウスメーカーは工業化しているのに、地場工務店は手作りだから規模が小さい……というわけではありません。工業化といってもセミオーダー程度で、現場に行けば大工さんたちが施工しています。

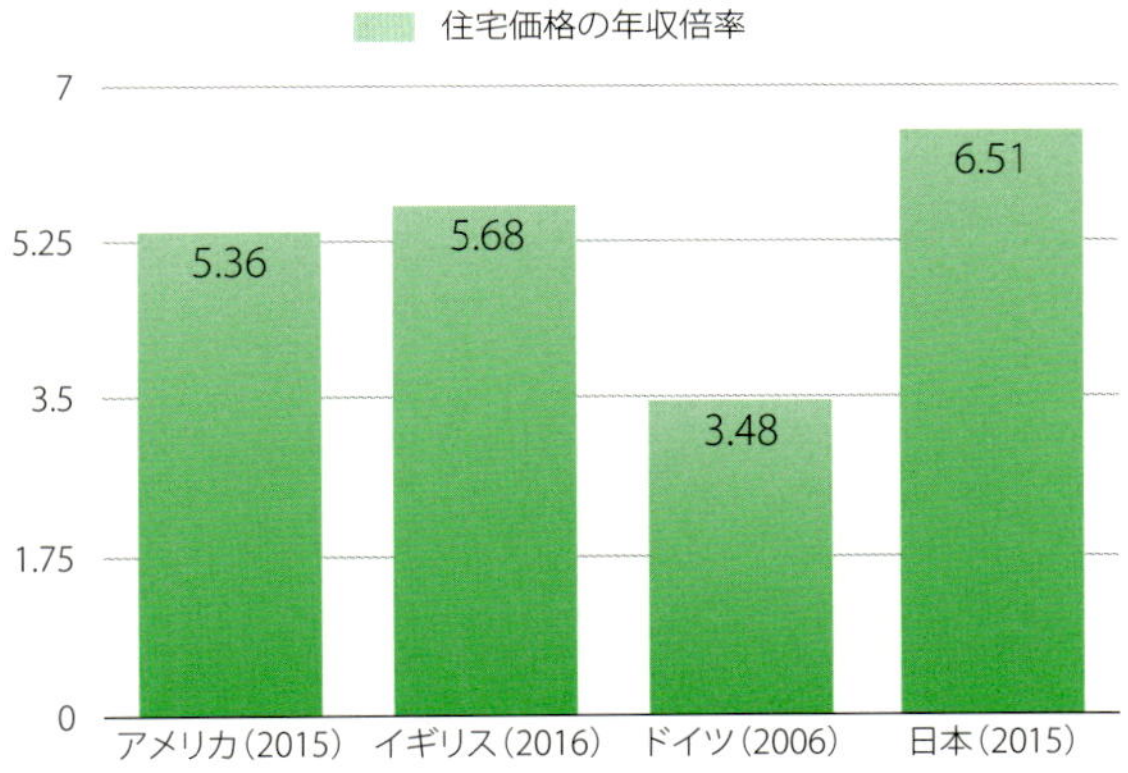

グラフ 1　住宅価格の年収倍率国別比較（倍）
（国土交通省・住宅経済関連データ 2018 年）

パワービルダー

これまでは大手ハウスメーカーと工務店の二者競合でしたが、二者の間に突如出現し、あれよあれよと大きくなったのが、都市近郊をベースにローコストで勝負するパワービルダーです。大手資本ではなく、元は工務店から始まったのですが、今では年に一万棟を超えるところまで拡大しています。小さな工務店と家づくりの形態は違わないのですから、なぜこんなに大きくなってしまったのか嘘のようです。

このように数で競いあっている狭間で、**建築家が丹念に意匠を凝らしてつくる家**もあります。でも、その数はほんの僅かです。

棟梁の時代

その昔は町内に棟梁がいて、家をつくるだけでなく、町の人に頼られる世話役でもありました。施主が棟梁に家づくりを頼むと、棟梁がこれを受けて、設計から工事までを仕切りました。棟梁の傘下には大工や左官屋、畳屋などの職人たちがいて、棟梁から声が掛かれば一堂に介してお互いの技を振るいました（**図1**）。

でも、戦後に業態は大きく変化しました。もちろん棟梁はいないし、地場の材を用いることともありません。

本書では戸建・持家住宅を対象に論を進めていきますが、二〇一六年度の新築住宅着工数は九七万四千戸で、その中で持家は五四万一千戸で全体の五五％。木造住宅は五五万戸あり、全体の五六％でした。2章で述べたようにこの新築住宅着工数は中国を除けば世界的に異常なほどの数ですから、戸建・持家の五四万戸も異常に大きな数字なのです。

〇・一％の業者が四〇％の家をつくる

では中身はどうなっているのでしょう。（**グラフ2**）のように、年間三〇〇戸以上受注する業者は、全体の〇・一％しかいませんが、なんと全体の四〇％の家をつくっています。また、年間受注数一～九戸の小規模工務店は、業者数では全体の九〇％を占めて圧倒的ですが、全体の二四％の家しかつくっていません。それでも年間一〇～二九九戸をつくる中堅工務店が三六％をつくっているので、全体の六割は工務店の領域ということになります。

このように業界は大手ハウスメーカー×パワービルダー×工務店の三つ巴の状況で、建設数では工務店が六割あるとしても、全国展開の大手、都市近郊のパワービルダーに押されているのが現状です。

地方では地場に根ざす工務店が頑張っていますが、工務店間の競争が激化していて、時代に疎い業者が苦境に立たされています。「性能」に疎かったり、「デザイン」に無関心だったり、「サービスに怠慢」な業者は市場を奪われていきます。

また、これからは人口減少に伴って新築住宅着工数が減少していく中で、過疎化する地方の町では新築住宅需要がなく、零細な地場工務店が仕事を失いつつあります。

図 1　昔は町の棟梁と職人で家がつくられた

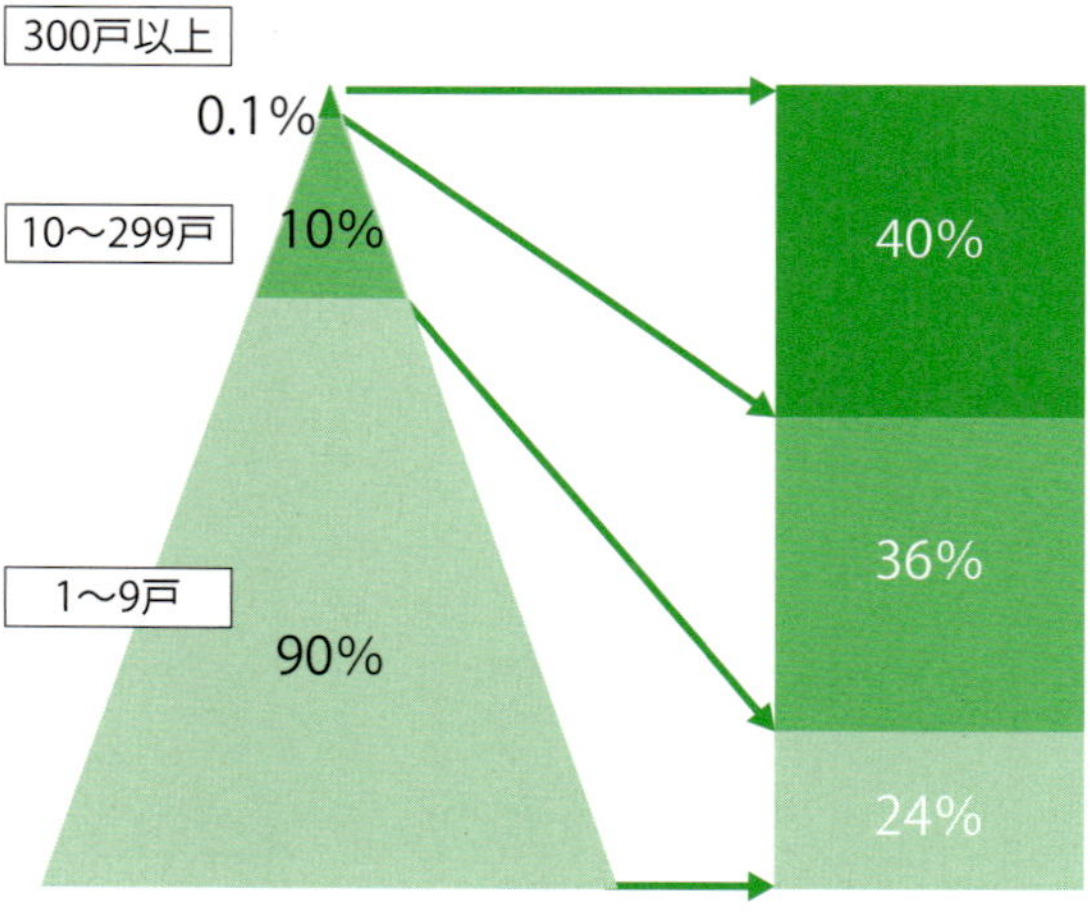

グラフ 2　新築一戸建て住宅引渡実績のある建設業者の一戸建て引渡実績別シェア平成 24 度実績（国土交通省）

02 家づくりの主役

時代遅れが淘汰されるのは世の常ではありますが、本来家づくりは棟梁がいて、職人とともにつくるもの。その落ち着いた環境の中で美しい街並みがつくられ、いつでも棟梁と職人が近くにいて、家が痛めば補修して、家は長生きしてきました。

なのに棟梁を失った今、家づくりの業態は激変してしまいました。

変化させたのは、戦後の住宅難とその後の高度経済成長により、大量の家を建てる必要に迫られたことによります。

建材店の始まり

戦前から戦中までは材木屋が業界の中心にあり、工事は土壁などの湿式でした。ところが、戦後にアメリカから合板や石こうボードのような新建材が導入されると、乾式に移行していきました。そこで登場したのがリヤカーで合板（当時はベニヤと呼びました）を運んだベニヤ屋で、後に建材店と呼ばれることになりました。

建材店はやがて、新建材だけでなく、アルミサッシや設備機器までを販売する総合建材店に成長しました。あっという間の出来事で、材木屋はあっさりと業界の中心的な位置を奪われました。

同時に、鍋釜屋と呼ばれた金物屋は釘や針金、トタンを売っていましたが、総合建材店に侵略されて、自らも建材店に鞍替えしていきました。

高度成長、好景気に支えられて、膨大な数の住宅建築を計画していた政府は工業化を推進し、業界がこれに応えて、一九五九年に大和ハウスのミゼットハウス（**写1**）が、翌年には積水ハウスのセキスイハウスA型（**写2**）が登場してプレハブ住宅がスタートしました。

当初は、仮設ハウスのイメージが嫌われて苦戦しましたが、昭和四〇年代に入ってからは自由設計に方向転換してニーズを獲得、一九七六年にはミサワホームのミサワホームO型（**写3**）が大ヒットして、プレハブ住宅の地位が高まりました。

2×4工法

一方、工務店だけの生産力では限界があるとみて、政府は北米から2×4工法を導入し、一九七二年には施工デモが行われました。筋肉隆々のカーペンターが大きなハンマーで長い釘をガンガン打って、組み上げていく様子は家づくりの変化を予感させました。

一九七四年には一般工務店でも2×4工法（枠組壁工法と呼ばれることになりました）が建てられるようになり、三井ホームが一九七八年に「ウィンザー」を発売して、住宅デ

写1　大和ハウス・ミゼットハウス

写2　積水ハウス・セキスイハウスA型

写3　ミサワホーム・ミサワホームO型

ザインに大きな変革をもたらしました。

アルミサッシ

そして、アルミサッシが一九六〇年代から本格化し、建材店はサッシの加工、組立まで行うようになりました。

部品化

施工の合理化を目的に、湿式のキッチンがシステムキッチンに、タイル貼りの風呂がユニットバスに変化していきます。これを「部品化」と呼び、これも建材店が扱うようになりました。

断熱化

そんな好景気の日本をオイルショックが襲って、そこから断熱化が始まりました。
グラスウールの広告が山手線の中吊りにまで登場。
断熱材だけでなく、断熱性をもつ建材（ＡＬＣ、シージングボードなど）が開発され、新建材は新しい展開をみせていきました。

地場グループ

建材店は次から次に出てくる新製品を販売するために、夜に取引先工務店を集めて商品説明を行い、これが勉強会の意味をもちました。この勉強会で、流通と工務店は強く結びついていきました。当時は私も断熱材メーカーに在籍していたので、勉強会で製品説明を幾度もさせてもらいました。

流通店の番頭さんを取り囲むように工務店がいて、昼でもお茶を飲みながら情報交換が行われました。それは営業というものではなく仲間付き合いといえ、ここに「地場グループ」が形成されていきました。

フランチャイズ展開

断熱化は暖かくて省エネな家をつくる一方で、壁の中での結露（内部結露といいます）を誘引し、家が腐る事故が起こりました。この対策として開発された特殊な断熱工法がいくつも登場して、フランチャイズ（ＦＣ）展開で販売されることになりました。建材店が窓口ではない、新たな流通経路が生まれたのです。

　FC展開は各県に限定された数の加盟店で構成されるため、加盟していない者としている者、そして違う工法同士の競いが起こって、地場グループは崩壊し始めます。当時盛んに使われるようになったのが、「差別化」という言葉でした。

木造軸組造の合理化

　昔は、大工が加工場で柱・梁の仕口を刻んで、現場で組み上げていました。それでは手間が掛かり過ぎるため、合理化する動きが始まったのは一九八〇年代半ばでしょうか。七〇年代から急拡大した新築住宅着工数は七二年には一八〇万戸、七三年には一九〇万戸という、今の二倍近くの数に達していました。そこで起こった大工不足を解消しようと、工務店業界はこぞって木造軸組造の合理化に走ったのです。

　一九八九（平成元）年から木造住宅合理化システム認定制度（認定機関：公益財団法人日本住宅・木材技術センター）が始まり、オリジナル軸組造が続々と認定されていきました。今でも認定は続いており、二〇一六年までに累計九五一の工法が認定され、七〇万戸が供給されました。木造住宅は軸組造と2×4工法くらいのものと思っていたら大間違いで、一、〇〇〇近くの違った構造が存在するのです。ちなみにアメリカは、2×4工法が九割を占めて安定しています。

　こうしたオリジナル工法は自社で使われる他に、FCで流通することになり、軸組造も差別化に揉まれることになりました。

地域ナンバーワン

差別化は、新しいものをどんどん取り入れて自分のものにしていく「気の利いた」工務店と、変化できない工務店との間で受注差をつくりました。この頃、盛んに使われた言葉が「地域ナンバーワン」でした。地域で二位は誰も覚えてくれない。だから一位にならなければ……。ＳＭＡＰの「ナンバーワンにならなくてもいい、オンリーワンになればいい」を口ずさむ工務店が、一方で「ナンバーワンにならなければ」としのぎを削りました。

敵は隣の工務店

すでに大手ハウスメーカーと地場工務店は熾烈な受注競争を繰り広げていましたが、大手ハウスメーカーは知識不足の営業が施主と接するのに対して、工務店は社長が自ら営業して、その豊富な知識で大手に負けない力をみせていました。年に一万棟も受注する大企業が、年に数棟の零細工務店に負けることがあるのですから住宅産業は奇々怪々。

「大手が来るなら御の字だ」と気勢をあげる工務店の社長ですが、怖いのは隣の工務店が出てくることでした。こうして、家づくりは地場産業ではなくなりました。

業界メディアは、地域ナンバーワンの工務店を褒め称え、その営業手法を記事にして、弱い工務店に「参考にしなさい」とでもいいたげでした。

本来の地場産業は棟梁と職人による、落ち着いた環境の中での家づくりだったはず。それが差別化の時代には、大手ハウスメーカーに地場工務店が勝つことが、地場を守るという意味で地場産業と定義づけられることになったのです。

私は、合理化と差別化志向が地場を崩壊させると考え、一九九四年に『在来工法新時代』（日本住宅新聞社）を上梓し、合理化と差別化の間違いを指摘しました。もちろん同調してくれる工務店も流通もいませんでしたが、当時一世を風靡していた合理化パネル工法はその後影は薄くなり、ただ差別化だけが今も神のように崇め続けられています。

03 どんぶり勘定

ここまでが、地場の家づくり～差別化で競われる家づくりに変化していった過程です。次に、「価格」について掘り下げてみたいと思います。

材工一式

棟梁の時代は、施主自らが所有する材木を使ったり、外に名産品があればそれを取り寄せたりしながら、工事だけを職人がして、工事費が払われました。これを「材工分離」と呼びます。

地場ではすべてがお見通しの間柄でしたから、工事も当たり前の価格で進められました。つまり、誰もがコストを知っていて、安心して家づくりが進められたのです。

ところが新建材が普及すると、材料費と労務費を一体として見積もる「材工一式」の請負制に変化しました。**（図2）**のように工務店が施主から工事一式を請負い、工務店が協力業者に下請をさせて工事が進められます。

材料は工務店が建材店から購入し、専門的な部材は協力業者が自分で調達します。そして、施主への見積もりは材工一式＋経費で示されます。つまり、材料費と工事費と利益がごった煮状態になって、隠されているのです。

設計価格

材料費は、一般的に「設計価格」と呼ばれるもので積算されます。ここには流通マージンがのっています。

建材の流通は一般的には（**図3**）のようで、工務店や専門工事業者は小売店から仕入れます。小売店の営業領域はそれほど大きくないので、メーカーは広範囲に販売する問屋を経由して小売店に流通します。

もちろん有力な工務店にはメーカーが直に販売することもあったり、問屋の前に商社が立つこともあって、さまざまです。

いずれいくつかの流通を経るのですから、そのたびにマージンが必要で、メーカーが六〇%で出しても設計価格は一〇〇%になります。実はこの中に、工務店のマージンも二〇%ほど含まれているのです。

なぜ工務店にまでマージンが入るのか？という疑問が出て当然ですが、先に述べたように、材工一式の価格提示の中には工務店の利益が隠されています。なので工事費全体の二〇%の利益が必要であれば、材の設計価格の中に二〇%の利益が含まれる必要があるということです。

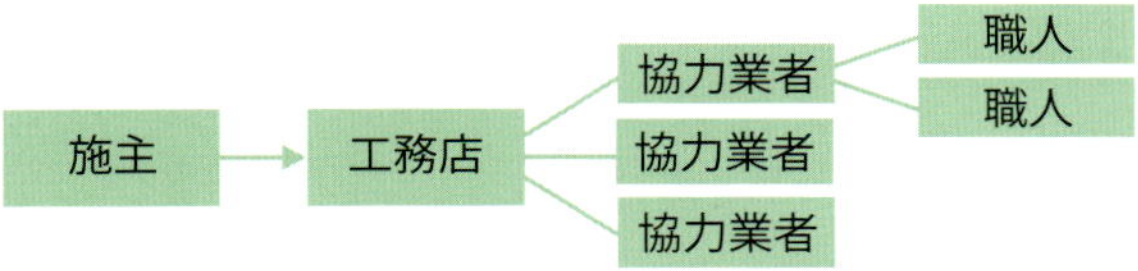

図 2　工務店が材工一式で請負い、協力業者をまとめる

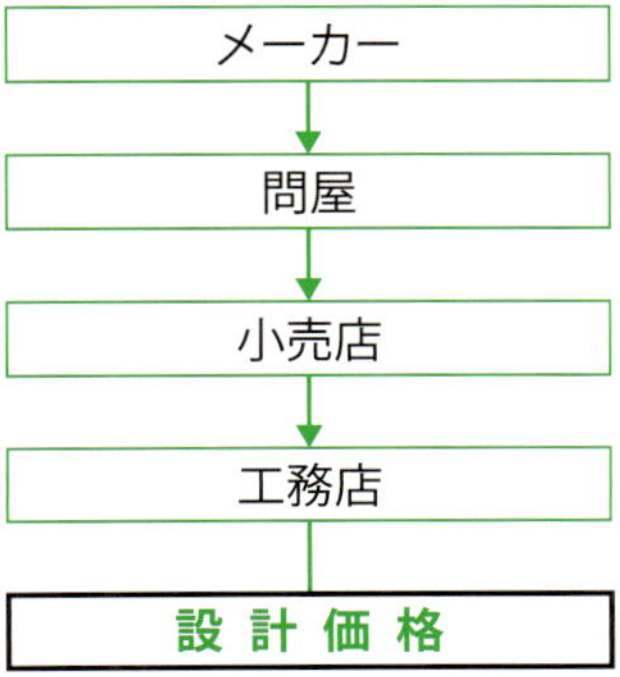

図 3　建材の流通価格構造

利益が隠れる

ここで「隠す」ということが悪い印象で語られてしまいますが、日本人は利益を堂々と示すのは苦手です。車でもテレビでも、材の原価がいくらで工賃がいくらとは示されていません。なので家づくりも明細を示す必要はないと開き直ることもできますが、材と工事、そして利益を示すことは、資産価値を評価する場合に必要になります。

築二〇年の家を評価するのに、今、同じ材料を用いるとすればどれだけの値段になり、三人工（〝にんく〟と呼びます。施工に三人掛かったということです）必要だったら、今ならいくらになるか……を計算するのに必要だからです。もちろん利益は原価から除外させますから、その額も明示されていなければいけないのです。

流通は長い方が安い？

こんなに長い流通でコストアップするなら、もっと短くするべきでは……と思って当然ですが、メーカーが流通業者を通さず工務店に直販しようとすれば、全国各地に営業所をもち、在庫を抱え、営業マンがあちこちに散在する工務店を丹念に歩いて受注しなければなりません。その経費の方が流通マージンより高くつくこともあるでしょう。

よく売れる製品の場合は、流通業者間で競争が生まれるので、マージンを下げてでも販売します。このケースが最安値を生みます。

また、現金取引より手形取引が一般的なこの業界では、メーカーが直売するのはハイリスクです。ここは取引先の状況を熟知している流通に、販売を任せる方が得策です。

ということで、悪いのは流通業者でも工務店でもなく、どこのメーカーがどこでつくっているのかもしらない建材で家をつくること自体が問題（元凶）なのです。

誰でもどこでも手に入る普遍的な材で家がつくられるのであれば、欧米のようにホームセンターでプロでも素人でも手に入れることができ、価格は丸裸になるのです。

坪いくら？

利益が隠された材工一式形式の見積りは、施主にとっては謎だらけ。そこでわかりやすくするために「坪単価で示す」ことが常識になりました。坪（床面積三・三m^2当たり）の価格で示すのです。これだと一般的な価格イメージと比較することができます。

因みに地場工務店は全国平均で五〇万円で、ハウスメーカーは七〇〜八〇万円くらいというデータがあります（二〇一二年、住宅産業新聞による）。建築家が丹精込めた高級住宅は、坪一〇〇万円以上が当たり前のように語られます。

その一方で、ローコスト住宅は坪二六万円〜というのですが、坪当たりはどこまで含んでいるのかがアバウトなので、単純には比べられません。また、ローコスト住宅が自慢気に掲げている価格は最低限の仕様であり、施主が「これもないと……、これも欲しい……」と普通の家に仕上げていけば坪四〇万円を超えて、ちっともローコストじゃないということもあります。いずれにしても「坪いくら」のどんぶり勘定が、一生に一度の大きな買い物の値を示すものでよいはずがありません。

どんぶり勘定

どんぶり勘定はまた、原価管理を曖昧にし、工程管理をずさんにします。なので、コスト削減の意欲も方法も浮かんできません。他者と競合した時は「エイヤー」で値引きして、後は下請業者を叩いて帳尻を合わせることもあって、こうしたどんぶり勘定の果てが「手抜き工事」を助長することになります。

また、工程管理がずさんだと工程の変更や材料の納入遅れが起こり、職人たちが手待ちをして大きなムダを生みます。こうしたムダは管理者の責任ですが、職人たちは管理者に手待ちの費用を要求することはありません。それがどんぶり勘定というものです。

こうしたどんぶり勘定の家づくりは今では改善されつつありますが、まだまだあるのも事実。そういう私もきちんとした見積りをみてもピンとこないので、思わず「坪いくらなの?」と聞いてしまいます。それはそれで、目安としてはあってもよいと思います。

04 新建材が業界を変えた

新建材で職人喪失

新建材には下地材と表面化粧をもつ複合製品が多いのですが、複合化の目的は①職種を減らす、②メンテナンスを不要にする、③大量生産によるコストダウンの三つです。

土やモルタルを練って塗り上げる左官工事は湿式工法と呼ばれますが、これをサイディングのような乾式工法にすれば、左官屋という技術者を使わなくても張ることができます。同様に、室内の漆喰もなくして石こうボードを大工が張って、壁紙をクロス屋が貼れば、ここでも左官屋が不要になります。同様に色の付いた新建材を用いれば、塗装屋が不要になります。

とはいえ、和室に新建材を使えば嘘っぽくなるし、襖や障子が必要になります。だから、和室は合理化できない部屋として嫌われることになりました。でも、和室は時には客間にもなる便利な部屋なので、準備室という名がついた一部屋だけになりました。

こうして左官屋、塗装屋、建具屋、表具屋が仕事を奪われることになりました。その分の仕事は建材メーカーと大工に流れていきます。

工務店は大工を雇用しているので、仕事が増えた分の賃金をケチれば、工務店の利益が増えるはずでした。だからいつまでたっても大工の待遇は改善せず、仕事は接着剤とビスを貼ったり、取り付けたりでワザを失いました。

ベテランも新人も技術の差が減り、先輩の威厳もないし、賃金の差もなくなりました。こうして新建材はいくつもの職種から仕事を奪い、大工からプライドを奪ったのです。その結果、工務店は利益を得たのかというとそうはいきませんでした。職種を減らした分のお金は、メーカーの工場と流通業者と運送会社に落ちていきます。

棟梁の時代には、現場で土を練って塗り上げた壁には、流通経費や運送経費は含まれていませんでした。

新建材のクローズド戦略

新建材中心の家づくりは世界でも珍しい総合建材メーカーを生み、巨大な企業に発展させました。取扱製品は外装材にはじまって、内装材、断熱材、照明、バスタブ、洗面台、キッチン、さらにはエクステリア、そして構造体やパネルにまで広がっています。

製品は膨大な数に上り、カタログは電話帳のように分厚くなりました。製品数を多くしているのは他者との互換性を嫌った、形・寸法・柄・色の各項目でオリジナリティを発揮させているためです。

カラーコーディネートと称して、各メーカー独自の色調がつくられています。X社のフローリングにY社の回り縁を組み合わせれば、色が合わないのです。

アメリカの古い家では無地のケーシングにべったりと油性ペイントが塗られ、何度も塗り重ねられて、あばたのようになっています。ドアも棚もすべてオイルペイントで、その場のカラーコーディネートが行われています。

欧州では天然素材のエンボス（凸凹のある）をもったクロス下地があって、まずそれを貼り、その上に天然系の塗料が塗られます。なので、何度も塗り変えることができます。下地と化粧が別々なので製品数は少なく、ホームセンターで必要なものは何でも手に入ります。一方、日本の建材は膨大な数になるため、各社は自分たちの展示場をもたなければなりません。

大量生産と職種を減らすことでコストを下げようと狙ったことが、クローズドな展開に走ったために、過剰な製品、過剰な在庫、長い流通が必要になって安くはなりません。しかもクローズドで「触れない」ために、メンテナンスもリフォームも遠ざけて……、「でも新築で喰うんだから、これでいい」とやり過ごしてきたのです。

メーカーが工務店をフォロー

棟梁の時代を終わらせ、地場工務店を苦境に追いやった新建材ですが、「悪いことをした」という後ろめたさはありません。それどころか、何の疑いもなく、工務店を元気づけることがメーカーの使命だと考えて、さまざまなフォローを行っています。

営業、商品開発、情報収集に疎い業者は、気の利いた業者に差をつけられます。そうした弱い工務店には情報と教育を、強い工務店にはフォローアップをお手伝いしています。中には、会員工務店を囲い込んでのグループ展開まで行います。ここでの共通の敵は大手ハウスメーカーとパワービルダーで、メーカーは工務店の味方という構図です。

一方で、建材メーカーにとって大手ハウスメーカーもパワービルダーも最大級のお得意様です。この矛盾……商売では当たり前のことなので文句はつけられませんが、そうさせている業界構造の複雑さに注目しなければいけません。

05 三者棲み分け

棟梁のいない今、家づくりの主体は大手ハウスメーカー、パワービルダー、工務店の三つ巴。それぞれが特徴をもって棲み分けています（**図4**）。

大手ハウスメーカー

ブランド

セミオーダー

独自開発建材・什器・設備を
自由に組み立てる

パワービルダー

お買い得

トッピング

ローコスト仕様ベースに
希望の仕様を載せていく

工務店

自由さ

多様に応える

低価格～高級、狭小敷地～
山の上まで何でも…

図4　家づくり業者三様

大手ハウスメーカー

大手ハウスメーカーは、消費者のニーズを探って「売れるスタイル（様式）」を提案します。セミオーダーとはいえ、工業化生産という制約をもちながら、独自開発の内外装・什器・設備、色でつくる家は、なんとなく「セキスイの…」「ミサワの…」といった独自のスタイルをつくり、それはまるで住宅のファッションショーのようです。いつの間にかハウスメーカーのつくるスタイルが、日本の家のデザインを先導することになりました。

また、研究・開発部門をもって、ゼロエネルギー住宅（ＺＥＨ）の実績で他二者を圧倒する大手ハウスメーカーはファッションでも技術でも、そして信用でも業界の優等生といったところでしょうか。

パワービルダー

一方、戸建住宅部門では大手ハウスメーカーを超えるほどの実績をみせるパワービルダーは、独自開発や技術開発には注力せず、「売れ筋デザイン」を追ってブランドをつくることもしません。大量購買で建材を安く仕入れ、仕事が多いことで工事費を抑え、ローコスト販売で勝負します。

何か特徴があるわけではない普通の家ですが、安いことで消費者の心を惹きつけます。最低限の仕様であっと驚く安い価格を示しながら、コンセント一つ加えればいくらアップする……というトッピングスタイルの明瞭な見積りシステムを構築し、どんぶり勘定の不満を解消させました。

最初は安くても、最終的には普通の値段になる……と誹謗する者もいますが、そういうどんぶり業者は、消費者が求めていたローコストの意味が「安い」ではなく、「明瞭会計」にあったのだと気づこうとしません。ローコストの意味は、「安かろう悪かろう」ではなく「お買い得」だったのです。

工務店

一般的に工務店といえば、小規模でモデルハウスももたず、小回りの利く営業をしているイメージです。でも、一人親方もいれば、従業員数人の零細企業もあれば、大きな加工場やモデルハウスをもつ中堅企業もいます。

年間受注数も性能もサービスも営業力も宣伝力も「ピンからキリ」まであるのが工務店で、一緒くたに括れば間違った分析になります。

他の二者のようにブランド、お買い得といった特徴をもたず、わかりやすくいえば「施主の希望を叶える自由度」が特徴です。

ブランドを押しつけられるのも嫌だし、出来上がった箱を買うのも嫌だし……という気持ちが、わがままを聞いてくれそうな工務店に足を向けさせます。
土地にうまくはまり、自分の希望どおりにつくってくれるのが工務店の魅力。
また全国に散在する小さな点である工務店は、色々な性格の者がいて千差万別。断熱性能が高いことで差別化する者は、大手ハウスメーカーが標準にする国の基準レベルを遥かに超えるレベルを追求します。その一方で、断熱には無関心で、そんなの必要ない、日本には高断熱は似合わない……などという層もあります
また、規格的な家が苦手とする狭小敷地でも、小回りの利く工務店は頑張って挑戦してくれます。要するに小回りが利き、現場をよく知っていて、だからどんな要望にも応えられる。大手ハウスメーカーが優等生なら、工務店は燻し銀の存在。でも一つ一つ得意が違うので、光るものを見つけることが必要で、そこが工務店選びの楽しみでもあります

設計事務所

工務店は、デザイン力がない、提案力がない……といわれることもありますが、それもピンキリ。

キリの工務店には、地場の設計事務所が実力不足を補います。工事費の一〇%から一五%の設計料が必要になりますが、相談役にもなってくれるし、施工が適正に行われてい

るかのチェックもしてくれます。

一方で、工務店にも見捨てられてしまうような、厳しい立地や予算が少ない場合に、設計事務所に頼んで「分離発注」してもらうケースもあります。設計事務所が工事監理まで行い、工務店を抜きにして施主と専門工事業者が直接契約して工事を進めるのです。

中間マージンがありませんから安く済むし、施主自身が家づくりに参加しているような充実感もあって、一時は注目された分離発注ですが、完成後の責任問題があるので、今では増改築のケースに絞られてきました。

06 世界でたった一つの家づくり

こうして三者三様の特徴が見えてきましたが、三者ともに根底に流れているのは、夢のマイホームの実現をお手伝いするという業者としての「愛」です。業者はこんなＰＲ文句で施主に迫ります。

「世界でたった一つの家づくり」
「住宅は商品ではなく、建主のためにつくるもの」

三者は本気でこれらを哲学とし、施主が満足する家が「イイ家」だと考えています。

・大手ハウスメーカーはブランド・ファッションで夢を飾り、国が要求するレベルをしっかりクリアする性能の安心、そして工場生産による高い品質管理で建主を守ります。

・パワービルダーは「子供も成長し、アパートの家賃を払うくらいなら家を建てた方が得」と考える若夫婦に、そこそこの性能で、いま流行のデザインにも応えながら、予算に収まるローコストな家を提供します。見積りはトッピング方式で明瞭。希望と予算とを戦わせながら夢を膨らませます。

・工務店は施主の希望を汲み取り、手づくりで実現することで夢を叶えます。
また、「普通の性能」では満足できずに「超がつくほどの高性能」を求める施主がいれば、「性能オタク」な工務店がこれに答えます。大工のワザも性能オタクも色々いて、工務店は面白く、色んな気持ちで施主を愛で包みます。

こうして、三者をヨイショしてみましたが、煽てではなく、彼らは心から（疑いもなく）世界でたった一つの、あなたのための家をつくることを使命だと考えているのです。

有名でなければ

棟梁の時代と違って、家をつくろうと思えば頼む相手がわかりません。なので、まずは住宅展示場に行き、次にはネットで検索します。とはいえ一生に一度の巨額な買い物ですから、こんな探し方では不安が一杯です。

ＴＶでは手抜き工事の実態や、工事業者の倒産で、途方にくれる建主の姿を特集します。そこで浮上するのが「知名度」です。ＴＶ・ＣＭを流し、住宅展示場に出展するには大きな売上が必要です。

年間一万棟も受注する大手ハウスメーカーとパワービルダーなら可能ですが、資金力のない工務店には不可能なこと。そこで、一棟竣工したら見学会を開くのが工務店には精一杯。本来、工務店の営業は「口コミ」が基本でした。施主が知り合いに「あの工務店さんはいいわよ」といって、薦めてくれることで次の仕事が生まれます。

夢のマイホームの余韻に浸っている施主が、「あの業者は安くていいわよ」とはプライドに掛けて言うわけにはいきません。なのでローコスト住宅は、口コミが期待できないのです。

07 大量生産するには

日本だけがやってのけた

「よいものは高くなる」とはよくいわれることですが、では「安いものは悪いもの」なのでしょうか。これでは「予算の少ない人は、よい家がもてない」ことになってしまいます。そこで、ローコスト住宅を得意とするパワービルダーは「お買い得」で勝負します。「安かろう悪かろう」ではなく、無駄も利益も減らしてよいものを安くする努力を売りにするのです。

よいものを安くするためには「大量生産」すればよい……と誰もが思うことですが、「大量仕入れ」でも同じことになります。

車生産でベルトコンベアーシステムが開発されたように、家づくりでも大量生産を追求する動きが世界中で起こりました。でも成功したことはありませんでした。なのに唯一、日本のハウスメーカーだけがこれを実現させました。

彼らは完全に規格化されたプレハブではなく、施主の希望を汲み上げるという手法においてセミオーダーとなりました。これを規格ではなく、企画住宅と呼びます。それでも、規格化された部分（多くは構造）と主要な建材を大量生産することができたのです。

大量に売ることで

なぜ日本だけが、このようなことを実現できたのでしょう。

この謎に対して東京大学で住宅生産システムを研究している松村秀一教授は「大量につくれば安くなり、だから大量に売れる……という順番ではなく、『大量に売ることによって大量につくることができる』ことをしてみせたのが日本のハウスメーカーだった」と分析しています。

大量に売ってみせた結果で、大量生産を生んだのがハウスメーカー。一方で、大量に売ることによって大量仕入れをして、建材メーカーに大量生産をさせたのがパワービルダーだったという構図。大量に売ってみせる……ことが謎の答えだったのです。

とすれば大量生産は結果でしかなく、では「なぜ大量に売ることができた」のかが重要で、それがＴＶ・ＣＭであり、住宅展示場への出展、重厚なカタログといった、膨大な広報と人海戦術の営業によるものでした。

つまり、家をつくるために莫大な広告費・営業経費が掛かっているということです。

一品生産の工務店の販売価格が坪当たり五〇万円強でしたから、大量生産・大量仕入れの大手ハウスメーカーはもっと安くなって当然ですが、どっこい、坪当たり七〇〜八〇万円（九五頁）と高額だったことの謎はここにあったのです。

儲けすぎ？

先に建材の設計価格の中に、工務店の利益である二〇％が含まれていると書きました。工務店の利益はこの程度でも広報や展示場をもたないのでやっていけますが、他の二者はそうはいきません。四割とも五割ともいわれて定かではありませんが、工務店より遥かに高いのは明らかです。

さて、利益が大きい＝儲けすぎと考えるのが消費者の常で、だから値切らなければと思うのですが、本来「値段」は自分が欲しいと思う度合いであって、利益率が高いから儲けすぎと考えるのは、負け犬の遠吠えみたいなもの。

自分が欲しい値段で売られていなければ、値切ればよいし、値頃だと思ったら、なくならない内に買えばよいのです。開発途上国でお土産を買う時に激しい値段交渉をしますが……、あれが商売の本筋で美学。適正価格というのはそういうものです。

利益は原価の外

でも、大量に売るために使われる巨額な広告費・営業経費は余計なお金と思って当然です。棟梁の時代には必要なかった費用だし、小回りの利く工務店には無縁のものですから。

さっきから三者を持ち上げたり、落としたり……グジャグジャと書いてきましたが、日本の家づくりは、こうしたコストの不明瞭、広告費や営業経費に莫大な費用が必要なことなど色々あって、その現実の中で右往左往している状況をここに反映させたいと思ってのこと。

ここで、また前章まで読んできたことを思い出してください。

評価価値においては、利益は原価ではないということ。

ここが重要です。

家をつくるのに、材料費や工賃、現場管理費用は必要でも、広告費や展示場の費用は不要です。なので、原価に含まれないとすれば、工務店の利益率が二〇％なら家の購入費用の八〇％が原価で、大手ハウスメーカーの利益が四〇％だとすれば、原価は六〇％だというこ とになります。

資産価値評価は原価から始まりますから、購入価格三、〇〇〇万円の家の資産価値は利益二割なら二、四〇〇万円ですが、四割なら一、八〇〇万円からスタートします。

わかりにくい業界は知名度が必要で、そのために施主に無駄な費用を支払わせることになります。わかりにくい業界が悪いのか、それとも家に資産価値をみようとしないことが元凶として悪いのか。

もちろん、二〇年ほどでタダになる現実が悪いのであって、そんな理不尽な環境の中で、「原価だの資産価値だのといってもしかたない、これから家をつくる人に愛をもってお手伝いするのが業界の使命」という言葉に嘘はなく、ただ愚かにズルズルと流れているだけです。それが悔しくて、本書を書かせているのですが。

業界を示すのに多くの頁を割いてしまいました。1章から2章で「日本がおかしい」というイメージがつくれたのに、4章でまた日本に戻されてしまったと思います。まさに、常識によるマインドコントロール。

ここで日本とアメリカの住宅産業のチャート（**図5、6**）を見ながら、これまでの情報を整理していただいて、マインドコントロールを解いてもらおうと思います。

家に資産価値がないので自分の家をつくり、売ろうとしません。その結果、家は短命になります。家はお買い物感覚の消費財なので予算に支配され、メンテナンスもリフォームもしません。新築指向の業界で、差別化が重要。競合他社との互換性を嫌ってオリジナル工法、オリジナル建材で溢れています。なので部材は知らない処でつくられ、工事は複合化とプレハブ化で職種を減らし、利益は工事費の中に隠されて、どんぶり勘定。家づくりの主役は地場から中央へ移動しました。

家に資産価値があるので、中古住宅流通が盛ん。高く売ろうという意識から、よい土地・よいデザインに敏感。価値を維持・増幅する意識からメンテナンス・リフォームに励み、そのため建材も工法もオープンなものしか使いません。標準化という理念が確立しており、部材は誰にでも手に入るもの。工事もDIYを可能にし、シンプルでスピードが技となります。利益は明示されて、後の資産価値評価に反映します。こうした実態から、家づくりは地域市場に置かれたままです。

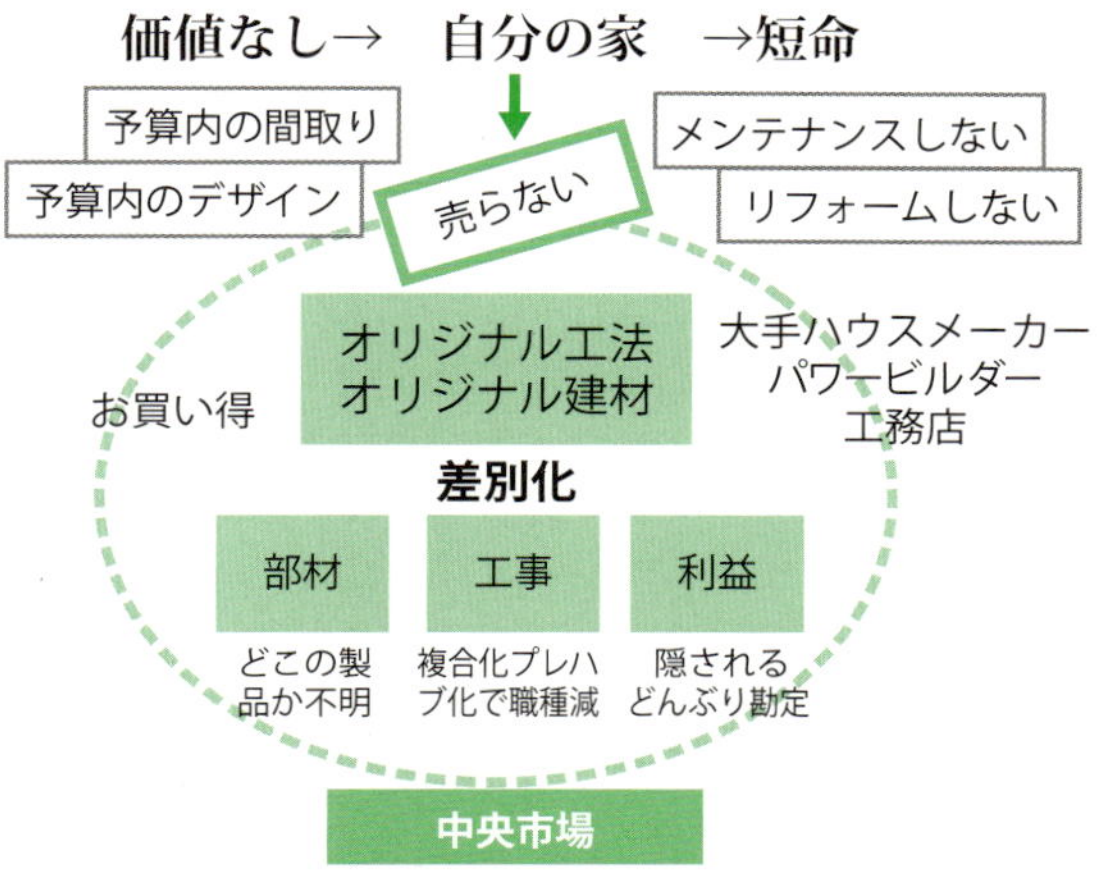

図 5　日本の家づくりと業界

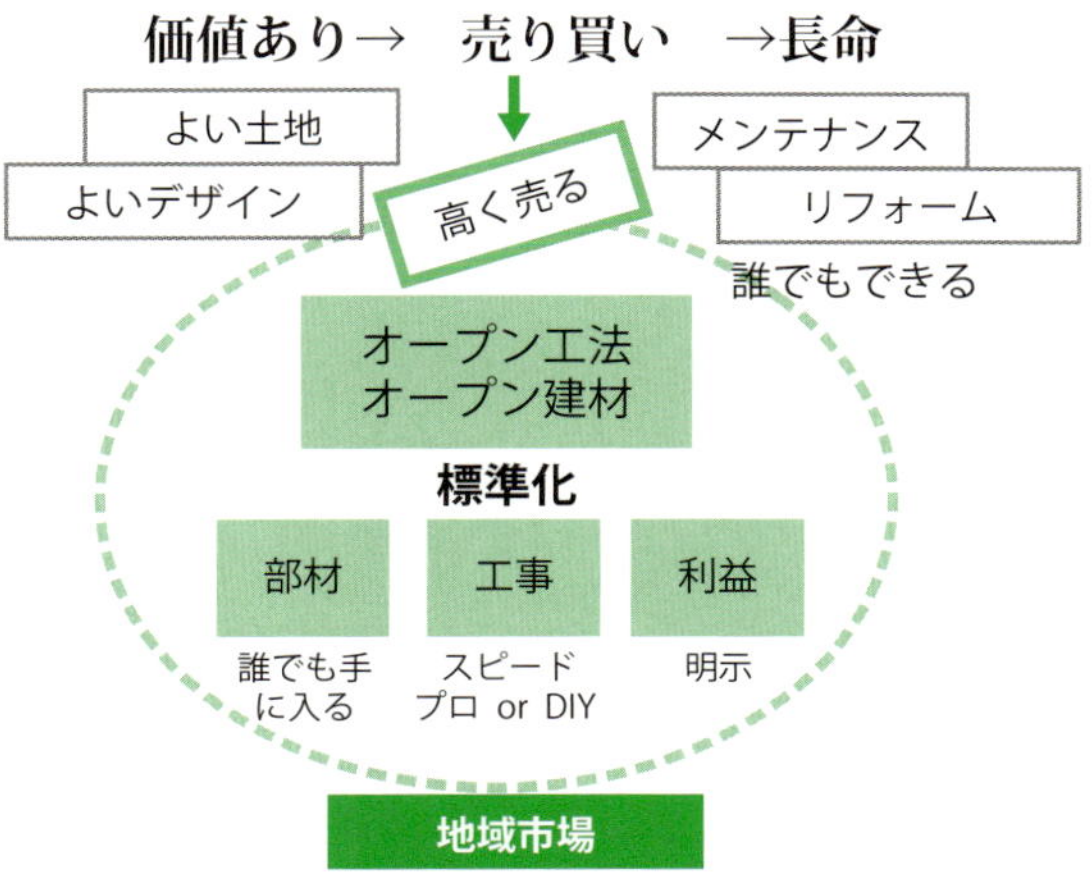

図 6　アメリカの家づくりと業界

08 リノベ

日本は異常なほどの新築住宅市場で、リフォームが育たないと述べてきました。一方で、「リノベ」は活発な動きをみせています。

リノベとリフォームは分けて考える

リノベとは、リノベーションのことで、「改修」という意味ではリフォームもリノベも同じこと。二つを区別する明確な定義があるわけではありません。なので、業界では改修工事のことを、リフォームと呼んだり、リノベと呼んだり。おそらくリノベと呼びたがる業者は、リノベの方がリフォームより新鮮で格好イイと思っているのでしょう。

私は明確な定義のないこれら二つの言葉を、自分なりの判断で、きっちり分けて定義づけています。

「リフォーム」は、施主に頼まれて行う改修

「リノベ」は、施主が持て余したり、空家にしている家を買い取って、用途替え（コンバージョン）して別の人生を歩ませること。これを「買取再販」と呼びます。

もちろんさまざまにイレギュラーなケースもありますが、特徴づけていえばこのように

区別できると思います。

空家が八〇〇万戸超

日本は、戦後の住宅不足を解消しようと大量の家をつくってきました。その結果が、「変な」業界を構築しました。でも今、住宅不足は解消して、一九六八年には量的に充足して、一世帯に一・〇八戸になりました。

その後も家余りは拡大して、二〇一三年には一世帯に一・一六戸の家がある状態。つまり家は足りているのに、また別の新築を建てているということです。

その結果は空家となって残され、実に二〇一三年には八二〇万戸の空家が存在し、この一〇年で一・二倍に増えています（**グラフ3**）。既存住宅の総数は六、〇六三万戸なので、空家率は一三・五％。一〇戸に一戸強が、空家という由々しき状態です。

空家を強制撤去

空家のまま放置される理由は家庭の都合ですが、誰も住まずにボロボロになっている建物は倒壊、火災の発生などで近隣住民の生命を巻き込む危険があります。

建て替えまたは廃棄したいのですが、所有者が手を付けようとせず、売ろうともしません。建物があることで土地の固定資産税が減免されることから、こうした放置状況が続いてきたのですが、国は「空家等対策の推進に関する特別措置法」（通称：空家対策特別措置法）を二〇一四年一一月に成立させて対策に取り掛かりました。

市町村が助言、指導、勧告といった行政指導、そして勧告を行い、それでも状況が改善されなかった場合は行政代執行により、樹木の伐採や塀の撤去、建物の解体が可能になりました。

リノベのスター軍団

そこで注目を集め出したのが、空家を改修してカフェや店舗、宿にコンバージョンするリノベの動きでした（**図7**）。空家を買い取って、新たな事業をのせて生き返らせるのですから、リスクは半端ではありません。どんなものに用途換えすれば採算に合う事業になるのかをマーケティングし、売れるデザインで改装し、しかも売る体制までつくらなければいけません。空家は町としても困り者だったので、町は歓迎気運。そこに踏み込んで、「さらに町を活性化しましょう」と提案して、町起しのイベントを企画してみせたりします。こうした活発な動きが注目されないはずはありません。

誰もが面倒がり、避けてきた空家を、きれいなカフェにしてみせた、リノベの主催者たちは町の小さな英雄と讃えられて、リノベのスター軍団が生まれました。

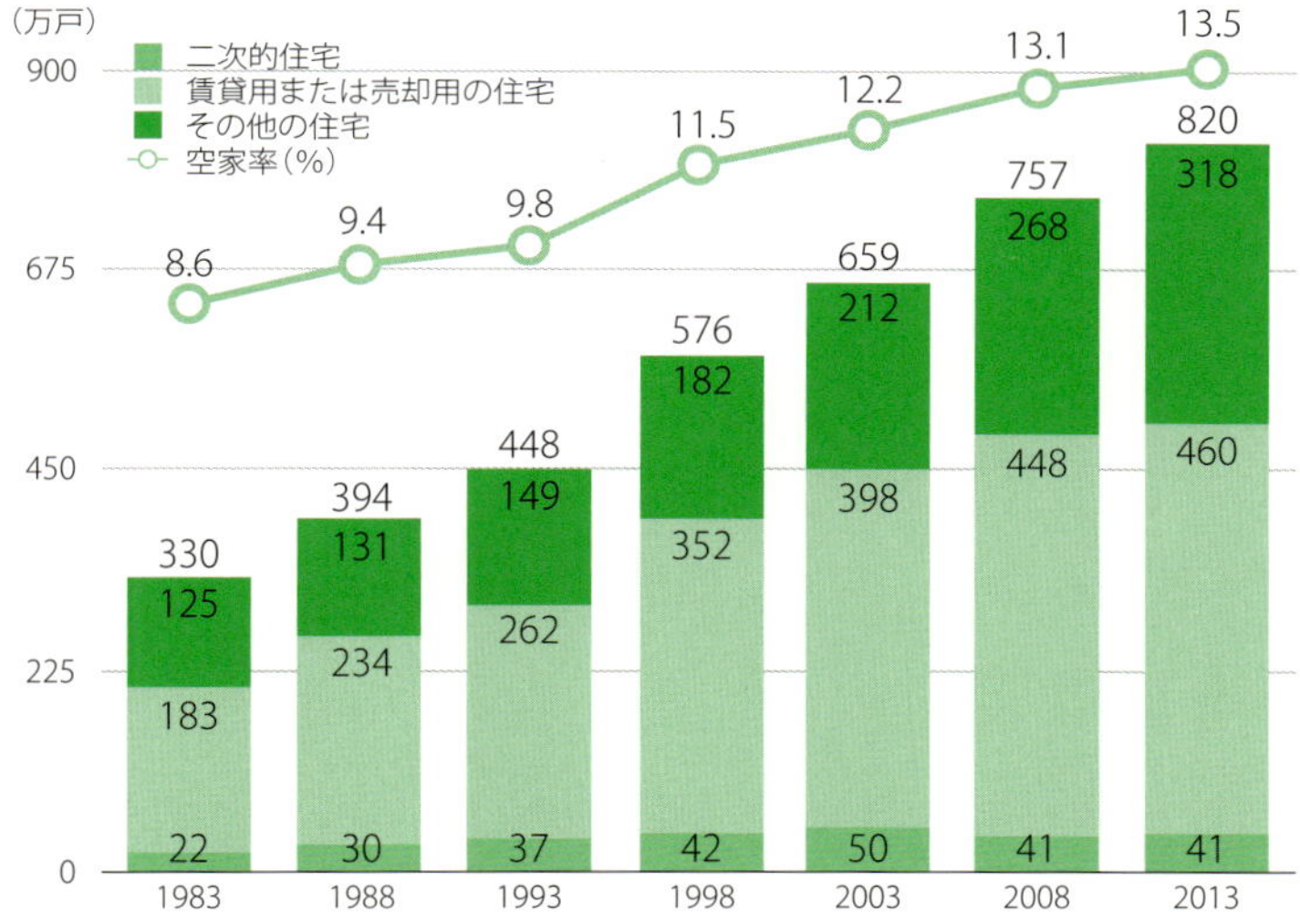

グラフ 3　空家の種類別の空家数の推移（出典：住宅・土地統計調査　総務省）
※二次的住宅：別荘など
賃貸用または売却用の住宅：賃貸または売却のために空家になっている住宅
その他の住宅：上記の他に人が住んでいない住宅

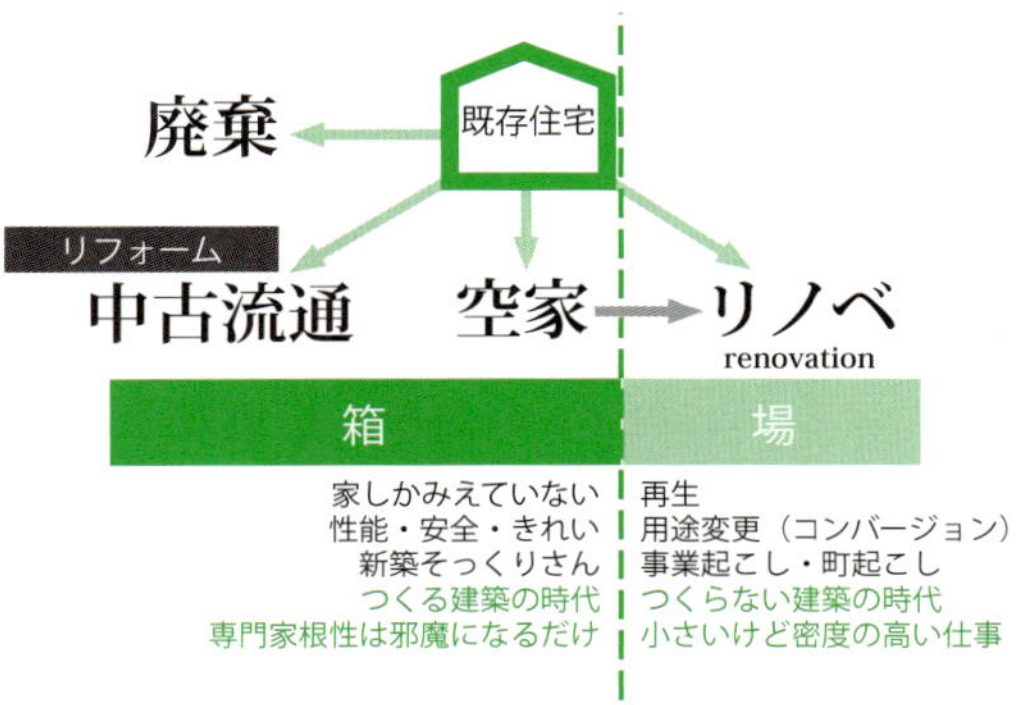

図 7　箱と場のちがい

マルチリンガル

その軍団は建築のプロではなく、不動産屋でもなく、新たな「リノベな才能」をもった者たち。松村秀一氏は新築を「箱づくり」、リノベを「場づくり」と呼び、リノベのダイナミックで密度の高い仕事を「つくらない建築の時代」の「新しい仕事の形」と呼んでいます。また、リノベの主役は、建築の専門家でも不動産業者でもないマルチリンガル。専門家根性は邪魔になるだけと付け加えます。

たしかに施主に頼まれて、ノーリスクで改修工事をすればよいリフォームと違い、リノベはセンスと度胸と緻密な行動と、お祭り騒ぎのできる幅広い才能が必要な場です。工事なんだからプロの処に仕事は来る……という既成概念は、リフォームには通じても、リノベには通じません。

とはいえ、このようにリスクもあり面倒なリノベには、大手ハウスメーカーもパワービルダーも乗り出す気はさらさらありません。脚光を浴びているといっても、珍しいことだからニュースになるだけで、事業規模でいえばほんの一粒程度のもの。ただ、地場で生きる工務店が、目の前で華々しく脚光を浴びるリノベに戦々恐々としているだけ。

その工務店だって、空家の再生に手を出したいと思っているわけではありません。でも、目の前で空家が生き返る姿をみせられれば、プロとして屈辱であることは事実。

価値ゼロだからリノベ

さて、工務店の戸惑いを前にして、安心の一言をプレゼントしたいと思います。

それは、リノベの起こりも資産価値と関わりがあるということです。リノベは資産価値を失った既存住宅を、タダで買い取るから買取再販を可能にするのです。もし家に資産価値があれば、リノベは成立しません。

だからこそ、戦後大量につくられた日本の家が資産価値を失い、空家が目立つようになった一五年程前からリノベ現象が起こりだしたのです。

もし資産価値が継続し、もしかして将来高く売れるものになったら、リノベは成立せずに、メンテ・リフォームが主役の落ち着いた環境となります。リノベに戦々恐々となる必要はなくなるのです。

でも、家に資産価値が生まれるまでのしばらくの間、いや六、〇〇〇万戸もある既存住宅が消滅するまでの間、リノベは元気に大活躍していくことでしょう。

そして、過疎化が進む地方では、リノベの斬新な発想が町を救う力となるでしょう。

5章

デザイン

4章では論が続いてしまったので、お疲れのことと思います。ここでちょっと休憩気分で写真を沢山みながら、家のデザインの移り変わりについて聞いていただこうと思います。

01 地場の家

バナキュラーな家

バナキュラー（Vernacular）とは、「土着の」「自然発生的な」という意味を持つ言葉で、バナキュラーな家といえば、土地に根ざした家ということになります。

（写1）を見てください。巨岩が二つ。岩と岩の間に家がつくられています。ここはポルトガルのモンサント村。巨岩がゴロゴロしている丘の中腹にある町で、頂上から巨岩が転げ落ちて、中途で止まったものを利用して、家がつくられているのです。巨岩に抱かれた家は強いに違いありませんが、また巨岩が転がりだすかもしれません。

（写2）は、アメリカ・フェニックス郊外のアコマにあるプエブロ・インディアンの家です。インディアンといえば獲物を追って移動しながらテント生活をしていたイメージだと思いますが、農業を覚えて定住した部族もいて、これをプエブロ・インディアンと呼びます。

彼らは、古代からキヴァという地下祈祷所をつくって祈祷をしました。まず、砂地を掘って地下の部屋をつくり、材木を渡して床（屋根）をつくりました。中央に穴を開けて、ハシゴで下りて祈祷しました。ところが岩盤の土地では穴が掘れないので、彼らは砂を水で練って日干しした煉瓦（アドービと呼びます）を積み上げて地上に部屋をつくりました。今度はハシゴで屋上に登り、中央の穴からハシゴで部屋の中に下りました。

なので、彼らの家は四角い箱で窓がありません。大人数で住む場合には、多数の箱を積み上げて階段状の住居群をつくりました（**写3**）。天辺は高いので、敵の襲来を早期に発見でき、敵が近づいたらハシゴを上げました。

パッシブな家

自然と融合しながら省エネを図るというイメージで、「パッシブ」という言葉が盛んに使われています。パッシブとは「受け身」という意味で、反対語は「アクティブ」。パッシブは自然を曖昧に受け止めるイメージで、アクティブは空調など機械的に快適性をつくるイメージ。空調などなかった時代には、パッシブな家が自然につくられてきました。

（**写4**）は、鳥取県松江市にある小泉八雲旧邸です。私はこの家が好きで、世界の好きな家ベスト三の一つに選んでいます。三間続きの部屋の三方（南、西、北）を庭が囲んでい

写 1　モンサント村の巨岩住宅

写 2　プエブロ・インディアンのアドービ建築

写 3　プエブロ・インディアンの村落（階段状住居群）

ます。部屋の真ん中に胡座をかいたり寝そべったりしていると、光が移ろい、風が流れ、鳥のさえずりが聞こえてきます。

一方、（**写5**）は南仏プロヴァンスのゴッホが描いた跳ね橋の近くにある家です。プロヴァンスといえばカラフルなハーブ畑が広がって、穏やかな気候をイメージしますが、実は冬になるとアルプスから地中海に向けて、強くて冷たい風が吹くのです。これを「ミストラル」と呼びます。この強風を避けるように、この地方の家は窓が小さく、頑強な鎧戸がついています。

安全からはじまる家

バナキュラーでパッシブな家を、言い換えれば「土地に根ざす、気候風土に照らした家」ということができ、とてもよいイメージです。でもその前に「安全」の確保が必要です。（**写6**）は、これも南仏の風光明媚なリゾート地で知られるコートダジュールにあるエズの村です。海辺からせり上がる断崖絶壁の上に、村がつくられています。こうした村はエズ以外にもいくつかあり、鷲の巣村と呼ばれます。なぜこんなに不便な高い処に住むのかといえば、海賊船や侵略者から身を守るためです。

（**写7、8**）は、中国福建省にある客家と呼ばれる巨大な家です。なんとこの一つの建物の中に、一族三〇〇人が暮らしていました。

彼らは誇り高い漢民族で、古代中国の中心地（中原）に住んでいましたが、蒙古の侵略を受けて南方に下りました。すでに先住民が居たので、その周辺に家をつくり、一族で住み、煙草など先住民と戦わない作物で生計を立てました。そこで一族が安全に暮らすために、土を突き固めた分厚い壁で共棲住居をつくったのです。一族内で教育も行われ、孫文や鄧小平など優秀な人材を生みました。

政治からはじまる家

（写9）はご存じ「町家」です。町家はうなぎの寝床と呼ばれるほど、狭い正面をもちながら、奥に深い間取りになっています。理由は道沿いにある店舗併用住宅に対して、行政が家の幅に税金を掛けたからです。当時は道沿いの土地に価値があったのです。

幅を小さくするために隣家とくっつくことになり、これでは風が抜けませんから、土間の通り庭をつくって風を抜き、また火を使う台所を置きました。中庭、裏庭をつくって、そこでも風を抜けるようにするなど、気候風土に照らしたデザインといわれるのですが、それは政治によって幅を限定されたことの苦肉の策としてのパッシブでした。

欧州でも同じように、隣家とくっついた町家は沢山あって（写10）、どこも同じに税対策です。

写 4　小泉八雲旧邸

写 5　南仏プロヴァンスの家

写 6　南仏コートダジュールの鷲の巣村エズ

写 7、8　中国福建省の客家

写 9　京都の町家

写 10　オランダ・アムステルダムの町家

02 アメリカの家

では次に、アメリカの家をみてみましょう。

アメリカンホームには沢山のスタイル（様式）があります。その一つ一つが凛々しくて素敵なのですが、様式の起こりは、欧州からの移民が母国の住宅デザインを、新大陸に持ち込んだことから始まります（**図1**）。

・独立宣言したのは一七七六年七月。

・その二〇〇年も前の一五六五年にスペインがフロリダ半島のセント・オーガスチンに砦をつくっていました。

・少し遅れをとったイギリスですが、一六〇七年にジェームズタウンに入植。バージン・エリザベスにちなんでバージニアと名付けました。

・一六二〇年、メイフラワー号に乗った清教徒たちはジェームズタウンを目指しましたが、嵐に遭って、ずっと北のプリマスに上陸しました。その周辺はニューイングランドと名付けられました。バージニアには上流階級が入植したので、立派なジョージアン様式の家がつくられました。ニューイングランドでは、清教徒たちが板張りの質素な家をつくりました（**写11**）。

・バージニアから南の地域は綿花、タバコ、米などの輸出農産物をつくるプランテーション経営で繁栄し、チャールストン、サバンナなどでジョージアン風の豪邸が建てられました（**写12**）。しかし、その繁栄の影に黒人奴隷の酷使があったことから一八六一年、チャールストンを舞台にして南北戦争の火ぶたが切られました。

・オランダは、一六二〇年にニューアムステルダム（現ニューヨーク）に入植。その後、英蘭戦争に負けて英国に売り渡すことになりますが、当時の英国王チャールズ二世は北米に興味がなく、弟のヨークにあげてしまったことからニューヨークに改名されました。

・スウェーデンは、一六四〇年代に現フィラデルフィアに入植。

・少し遅れて同じ地域に、ドイツ系移民がドイツのメイフラワー号と呼ばれるコンコルド号で入植しました（一六六三年）。

・また、英国人クエーカー教徒のウイリアム・ペンが海を渡りました。ペンはチャールズ二世から、借金のかたにもらった土地に理想の街を拓こうとしました。これがペンの森（ペンシルベニア）で、街はフィラデルフィアと名付けられました。ペンは信教の自由を約束したので、色んな国から入植者がやってきました。

・フランスは現カナダのケベックに一六〇八年に入植しましたが、英国との戦いに負けて、ミシシッピ川を下り、南部のルイジアナにもフランス文化圏を拓きました（**写13**）。それがフレンチ・クオーターと呼ばれる地域です。

・南米開拓を進めてきたスペインはメキシコを制覇して北上し、ネイティブ・インディアンの領域に踏み込みました。サンタフェに行くと、両者の文化が融合した独特のデザインを楽しむことができます。スペインはカリフォルニアまで北上しましたが、植民化に意欲をみせず、ミッション（伝道）活動を重点にカーメルやモントレーなど二一のミッション・チェーンをつくりました（写14）。

これらの歴史が、アメリカンホームの様式の始まりでした。独立後、様式は多様化し、グリーク・リバイバル（写15）やゴシック、スティック、フェデラル（写16）、インドが起源のバンガロー（写17）など数え切れないものになりました。さて、様式とは何でしょう。母国の押しつけだったり、流行だったり、権威だったりして、つまりは気候風土に適合したものとはいえません。

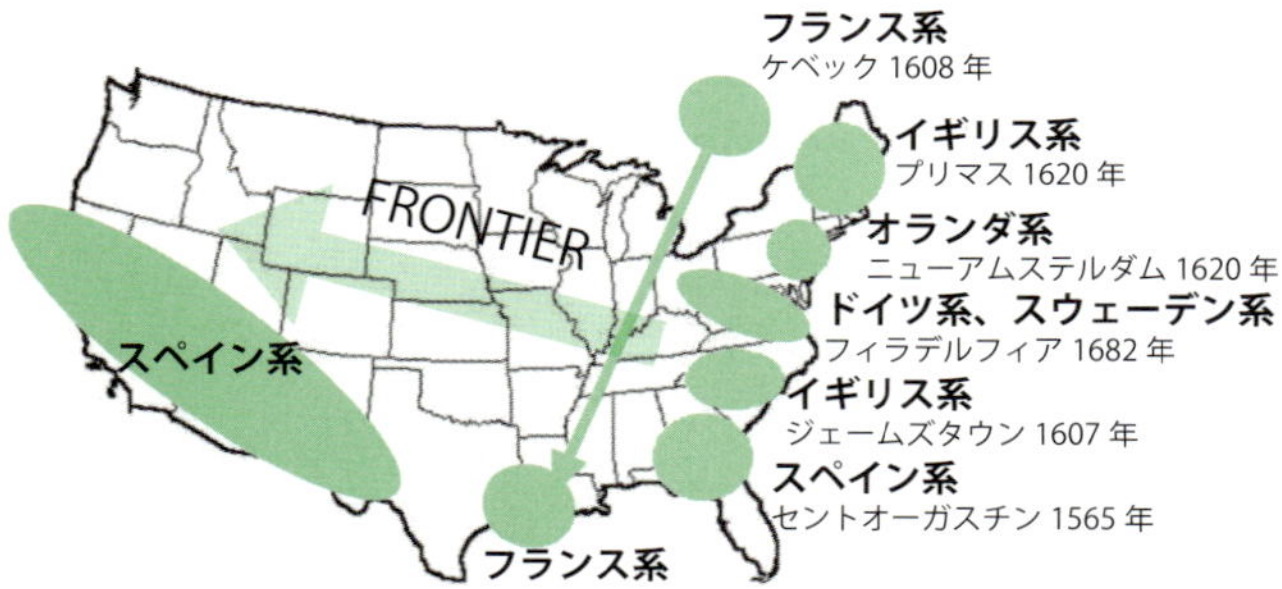

図 1　フロンティア（辺境）をめざしたアメリカの住宅史

写 11　ニューイングランド様式

写 12　ジョージアン様式

写 13　フレンチ様式

写 14　ミッション様式

写 15　グリーク・リバイバル様式

写 16　フェデラル様式

写 17　バンガロー様式

03 モダニズム時代の家

次は、欧州で起こったモダニズム建築の歴史をみてみましょう。

英国で産業革命が起こったのは一七世紀後半。世界に工業化が定着するのは一九世紀半ばでした。農業社会は、閉鎖的で若者が自由を求める豊かさもありませんでした。そこに起こった工業化は若者に自由を与え、若者は田舎を捨てて都市に出ました。

しかし、その生活は煤煙たなびく街の中で、劣悪な生活を余儀なくされました。薄っぺらい一重の煉瓦の家で、狭い一部屋で生活する家族（写18）。英国で、公衆衛生法が打ちだされたのは一八七五年のことでした。前と後ろに庭をもち、水道と水洗トイレを持つ住宅が建設されることになりました。

緑溢れる郊外に職・住・遊のある街をつくる田園都市構想がハワードによって提唱され、世界中にその思想は広がり、日本では渋沢栄一によって田園調布が開発されました。

その後、古いシガラミまみれの芸術から脱出することをめざしてアールヌーボー（新芸術）が起こります（写19）。草や昆虫をモチーフにした緻密で妖霊な美しさ。そこには北斎漫画など日本の絵画が強い影響を与えました。

次に起こったル・コルビュジエ（写20）、ミース・ファン・デル・ローエ（写21）、ワルター・グロピウス（写22）らによって展開されたインターナショナル運動は、装飾に満ちた古典建築を否定して、機能主義をベースにしたものでした。鉄とガラスとコンクリートという世界中どこでも手に入る普遍的な材を用いて行われる建築活動は、労働者に健康な家を安価に提供する思想が根底にありました。

こうしてモダニズムの動きは、人も建築も自由にすることでしたが、その動きもいつの間にかイデオロギーにまみれて偶像化し、形式化（様式化）されてしまいました。自由を失なった、白くてのっぺりとしたデザインは退屈なものに落ち込みました。

ミースが言った〝less is more〟（より少ないことはより多いことだ）は、ロバート・ベンチューリ（**写23**）によって〝less is bore〟（より少ないことは退屈なことだ）と皮肉られました。

鉄とガラスとコンクリートでつくられたスラム街の高層アパートは、貧民層に健康な家を与えるもののはずでしたが、逆に自分の居場所を見つけられない人間たちの犯罪の温床になり、ミノル・ヤマサキが設計した高層の集合住宅（ブルーイット・アイゴー団地）が破壊されたのを切っ掛けに、モダニズムは終演し、次に装飾をもったポスト・モダンが始まります。しかし、それはモダニズムを否定しただけの存在で力をもたず、デザインは今、混沌とした時代迎えています。

写 18　キッチンハウス

写 19　アール・ヌーボー

写 20　コルビュジエのサヴォア邸

写 21　ミースのバルセロナ・パビリオン

写 22　グロピウスのバウハウス校舎（デッサウ）

写 23　ベンチューリの母の家

04 日本の家の歴史

日本の家の歴史を明治時代から紐解けば、まずは富国強兵による洋風化からのスタートになるでしょう。明治三〇年代から中流住宅という言葉が出現します。中流とはいっても今の庶民的な中流ではなく、当時は官僚、エンジニア、法律家、医師などのエリートでした。それまでは住居と作業場や店が同居しており、一つ屋根の下で家族も使用人も一緒に生活していました。工業化が起こり、時間に追われる生活は安息を必要とし、そこで「職住分離」した専用住宅が求められることになりました。

ハイカラな生活を羨望する中流階級は洋服を着て、牛肉を食べ、家に洋風の応接間をつくって、椅子で客を迎えました。課題となったのが洋と和の調和で、「ユカ座」か「イス座」かの論争でした。西洋に気後れしてる日本人にとって、畳の上でお膳で食事をし、そこを廊下として歩き、布団敷いて寝るという行為が非衛生的で貧しいものに映っていたのでしょう。

西洋に追いつけという意識で固まっていた明治時代が終わる（一九一二年）頃、アメリカから一人の男が家の部材一式をもって帰国します。後に、あめりか屋を創設する橋口信助でした（**写24**）。

橋口はアメリカで不動産業をしていました。当時アメリカでは家の部材一式を百貨店が販売し、貨車で建設地に届けられるメイルオーダーハウスが流行していました。建主はパターンブックに載っている家の絵と間取りをみて、気に入ったものを選べば、部材一式が送られてくるのです。橋口は帰国に際して、数軒の家の部材を船に載せて日本に持ち込みました。そして、軽井沢の別荘地で販売して大成功を収めるのです。ここから日本の住宅産業が始まりました。

日本の住宅産業がアメリカからの輸入住宅で始まったとすれば、なんとなく悔しい思いですが、建築でも英国からジョサイア・コンドルらを招いたことで始まったのですから、それほどガッカリすることではないでしょう。

大正時代に入ると住宅改良運動が盛んになり、常盤松（ときわまつ）女学校の校長三角錫子は在来の家を洋風に改める必要を痛感して橋口に援助を求め、住宅改良会を創設し、月間誌「住宅」を創刊しました。

日本建築協会は改良住宅設計図案コンペや住宅改造博覧会を開催し、機関誌「建築と社会」では……。

●従来の座敷を廃し、原則として常用室をイス式にし、寝室は畳敷きに改造。
●常用室と寝室を分離すること、子ども部屋を設けること
●雨戸、縁側、次の間は廃すること
●日本家屋の防寒に弱いことに配慮して、暖房設備を設けることを主張しました。

上野で開催された家庭博覧会では、日本女子大学が子供室を、羽仁とも子が裁縫室を、入沢常子が一畳半の台所を、白洋舎が洗濯機が置かれた洗濯場を展示しました。

こうして「改良」の意味が「洋風化」から、家長（男性）主体の家ではなく、妻と子供に配慮するものに変化して、活動は益々活発になっていきましたが、そんな時に関東大震災が起こりました。昭和に入ると、昭和六年に満州事変が、昭和一二年に日中戦争に拡大し、昭和一六年には太平洋戦争に突入しました。改良気運は削がれて、建物の不燃化で木造建築統制令が出されるなど、木造は大いに打撃を受けました。

それでも戦後この難局を乗り越えて復興を遂げた日本は、住宅不足を解消するべく持家制度を発令。団地建設が始まり、鈴木成文がダイニングキッチン、食寝分離、性別就寝を盛り込んだ51C型を設計（**図2**）、昭和三〇年には大和ハウス、セキスイハウスがプレハブ住宅を発売しました。その後は好景気に支えられて、主婦を救う三種の神器（洗濯機、冷蔵庫、白黒テレビ）が登場。郊外化が始まって、あれよあれよという間に都会は家とビルで埋め尽くされました。

すでに戦後の住宅不足（フロー）は解消して、家余り（ストック）の時代になり、逆に人口が減少し始め、家がだぶついて空家が八〇〇万戸もある状況。なのに、まだ年間九〇万戸を超える新築住宅が建設されています。

こうして、バナキュラー、パッシブ、安全、政治という、家のつくられ方にも色々あること、アメリカの様式建築では流行が支配し、モダニズム時代は労働者たちに健康な家を提供するという思想に燃えていたことを知っていただきました。

そして日本は、洋風化、イス座化、主婦の家事労働を改善する中で日本伝統のデザインを放棄し、戦後は大量に家をつくる中でバタバタと生活を変化させてきたことが理解されたと思います。

写24　あめりか屋のバンガロー様式の家
あめりか屋の東京・平和記念博覧会出品作品（大正11年）

公営住宅51C型（40.2m²）

図2　51C型

6 章

地場産業としての家づくり

5章で、家づくりの歴史をみてみました。

日本では西洋化の中で座式か椅子式かで揺れ、座敷は否定されて、縁側を加えた伝統のよさまで否定されました。そして、大量に家をつくる中で棟梁と職人の家づくりは消滅し、今では大手ハウスメーカー、パワービルダー、工務店の三つ巴の戦場と化しています。

解決策は家に資産価値を持たせることですが、そうそう簡単ではありません。でも、国は中古住宅流通を推進するべく二〇年でタダになる常識を壊して、リフォームすることで価値を維持していく評価手法を検討しています。

一戸建ての家を建てれば三〇年～五〇年もその家で生活します。今すぐ資産価値を高められなくても、気づいた時には中古住宅流通が起こっているはず。

なので、これから家を建てる人は資産価値になる家をつくって、将来高く売ることができなければ、大損するといえるでしょう。

さて、6章では家に資産価値を求める中で、地場産業としての家づくりに着目します。もちろん大手ハウスメーカーもパワービルダーも、資産価値のある家に変化させる手段はあるでしょう。でも、容易ではありません。その理由も含めて、話を進めていきましょう。

01 地場循環

もともと家づくりは、地場で見事な循環をみせていました（**図1**）。「地場の産材を用い、地場の職人がつくり、地場でメンテナンスしていく」というもの。

木、土、草、紙……そうした地場の材を、地場の人が加工して組み立てるのですから、メンテナンスもリユースもリサイクルも地場でできました。

ところが、現代の家づくりはこの循環する系をズタズタにしてしまいました（**図2**）。中央の建材メーカーがつくったオリジナルな新建材と、どこかのシステム供給会社が開発した合理化工法を用いて、組み立てるだけが地元の職人。

これら三者は元々顔見知りなわけではなく、だから長い流通がその間に介在されてコストをアップさせます。

・居住者は、建材がどのメーカーのどの製品で、どこに電話すれば手に入れられるのか知る由もありません。
・こんな状況でメーカーは商品を納入し、大工はそれを置くことで仕事は終わります。
・メーカーも流通も納入までの責任はもちますが、渡してしまえばそれまでという状況。
・だから、新建材は傷がつきにくく、年数を経ても変化しにくい製品開発を心掛け、過剰な梱包をして納入します。

・合理化工法は誰でも同じ施工精度が出せるようにと、どんどん加工範囲を深め、受け取った職人は、すでに触りようのない状況のまま取扱い説明書に従って組み立てていきます。
・供給側の責任はこうして果たせたわけですが、完成した家の中では居住者が傷をつけないように生活します。
・こうして、愛着のない建材と他人顔の空間に飽きれば、家ごと粗大ゴミのように捨ててしまうのです。
・そして、オリジナル性の高い新建材と合理化工法のゴミは、リユースもリサイクルも面倒で、産業廃棄物になって社会に負担を掛けます。正に、負の循環。

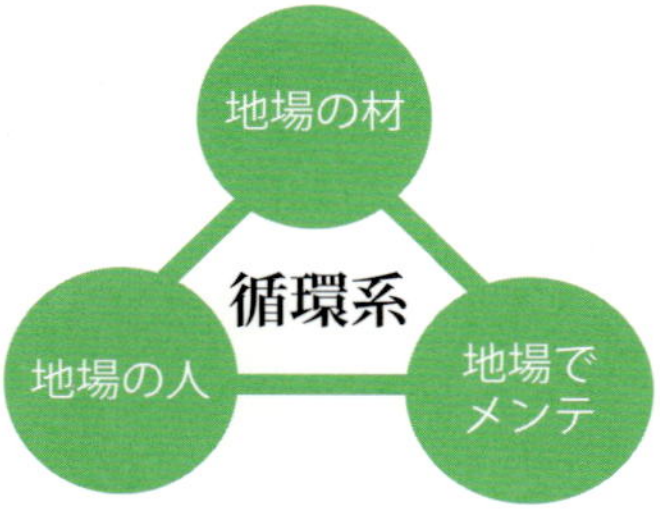

図 1　地場循環型の家づくり

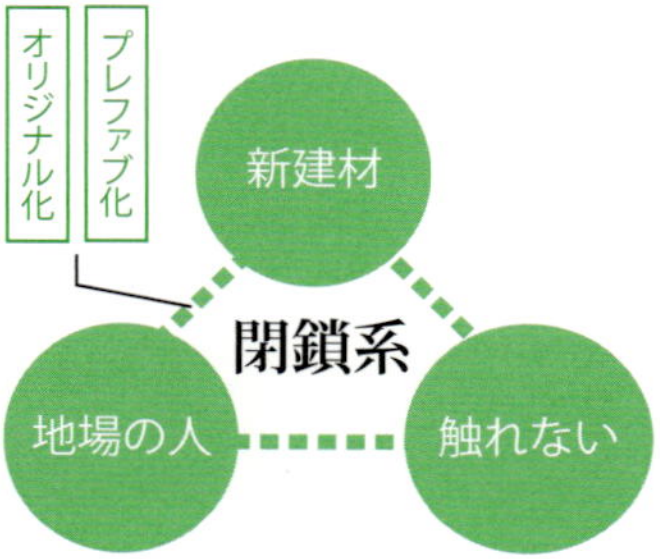

図 2　中央支配・閉鎖型の家づくり

02 資産価値を生むには

3・4章で資産価値になる家とならない家の違いを述べましたが、業界としてこれを整理すると、資産価値を生まない家の理由には（**図3**）のように、「流行のデザイン」「原価率が低い（利益が大きい）」「触れない工法・建材」「ギリギリの性能」の四項目を挙げることができます。

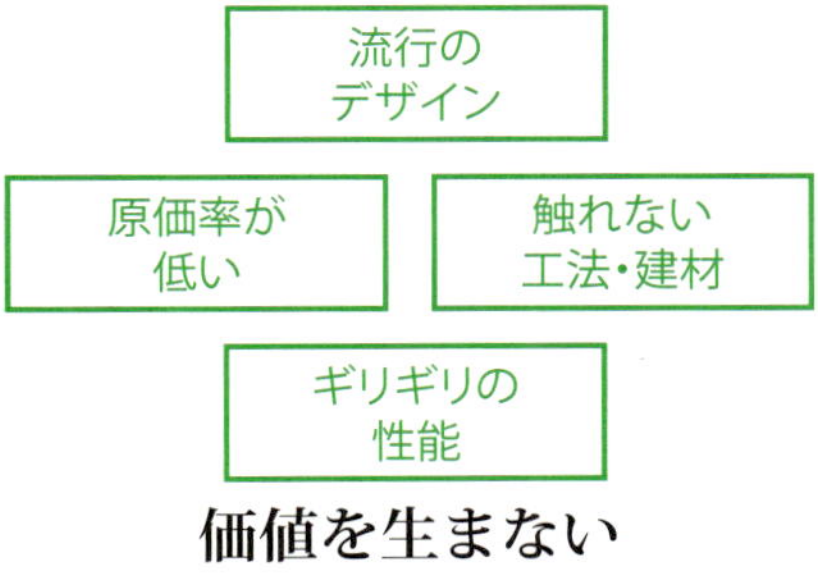

図3　資産価値を生まない構造

図4　資産価値を生む構造

1　ギリギリの性能

四つの項目の中で、これまで詳細を述べてこなかったのが「ギリギリの性能」です。ギリギリの性能とは「建築基準法」のレベルで、クリアしなければ確認申請が通らずに家は建てられませんが、これをクリアしたからといって安心はできません。

耐震性で建築基準法は等級一を求めていますが、等級一とは「大きな地震がきても、倒壊せずに居住者の命が守れる最低レベル」というもので、家が傾いてしまってもペシャンコにならなければ、居住者の命は守れるといっているだけなのです。

耐震性

大地震がくると、本震に構造が耐えたとしても、あちこちに破損部分ができれば、大きな余震がくれば倒壊することが考えられます。また、それをクリアしたとしても、その数十年後に大地震がくれば倒壊するかもしれません。なので、大地震がきても倒壊しなければよい……ということではなく、構造を痛めないレベルを求める必要があります。

木造は地震に弱いと思っている人がいますが、木造でも耐震等級二、三レベルにすることはできます。鉄筋コンクリート造のマンションなどで耐震等級二以上を求めれば、梁や柱が太くなってしまうことから、市場的には、むしろ木造の方が高耐震で有利だということもできるのです。

耐火性

耐火性についてはどうでしょう。耐火性能は、市街地と市街地外では求められるレベルが違います。場所によっては、耐火性をもつ必要がない場合もあります。

耐火性をもつにはコストも上がるし、デザインに不自由も出るので、ほとんどの場合は法ギリギリの耐火性で設計されます。耐火性が不要な場合には無防備なままで過ごしてしまうのですが、予想外の火災に巻き込まれることもあり得ます。

二〇一六年に起きた新潟県糸魚川市の大規模火災は、専門家にとっても予想外のことでした。不燃化が進んで市街地大火は克服できたかと思われていた中での大火。市街地で強い風が吹き、消火能力が十分でないなどの悪条件が重なれば、市街地火災に発展するのです。火災が起こった市街地は昭和三五年に準防火地域に指定されましたが、それ以前の建物が沢山残っており、大きな被害を受けました。

断熱性

断熱性ではどうでしょう。これまで省エネ基準は義務付けられていませんでしたが、二〇二〇年から義務付けられて、基準値をクリアしなければ家が建てられなくなります。したがって、それまでに建てる家はクリアしなくてもよいのですが、家の資産価値が見直される時がくれば、基準値以下だと「法定規格外」ということになって、評価価値で大きなマイナス要因となってしまいます。

省エネ基準の断熱レベルは、就寝時に暖房を停止して朝を迎えた時に、家の中で最も低温になる所（二階の北側のトイレなど）で、一〇℃をクリアできるかどうかギリギリのレベルといえます。この温度は結露防止の最低ラインであって、快適にはほど遠いものです。なので、省エネ基準を満たせば、健康で快適になると胸を張れるレベルではなく、結露が防げるかどうかのギリギリ。したがって、将来の価値を考慮すれば、そこで満足していてはいけないのです。

以上のように、建築基準法は居住者の安全を守る最低レベルであり、これを私は「ギリギリの性能」と表現しましたが、将来の評価価値ではこのレベルに止まってはいけないのです。

2　大手ハウスメーカーの対応策

現状の新築市場に浸かってきた業界にとって、一転して資産価値を高めて中古住宅流通に転換するのは真逆な方向に走るようなもので、容易なことではありません。

大手ハウスメーカーにとって、営業経費を落とす（原価率を高める）ことは難しく、しかも工法と建材は合理化を求めたオリジナル。性能もギリギリで抑えて、冒険はしない体質。そして、売りもののブランドデザインは、人気があるうちは価値があっても、陳腐化すれば古いだけ。

ここは、LOUIS VUITTONやHERMÈSを凌ぐ不動のブランドデザインにまで名声を高めなければいけません。住宅でこれを可能にすることができるでしょうか。

とはいえ、大資本の強みをもって、「資産価値のある住宅団地」をつくってみせたり、膨大なブランド・ストックを利用して「中古住宅流通ネットワーク」を実現したり、「中古住宅買取保証」をしてみたり……、地場工務店にはできないことをしてみせれば、資産価値の生きる時代にも優位に立つことができるでしょう（**図5**）。

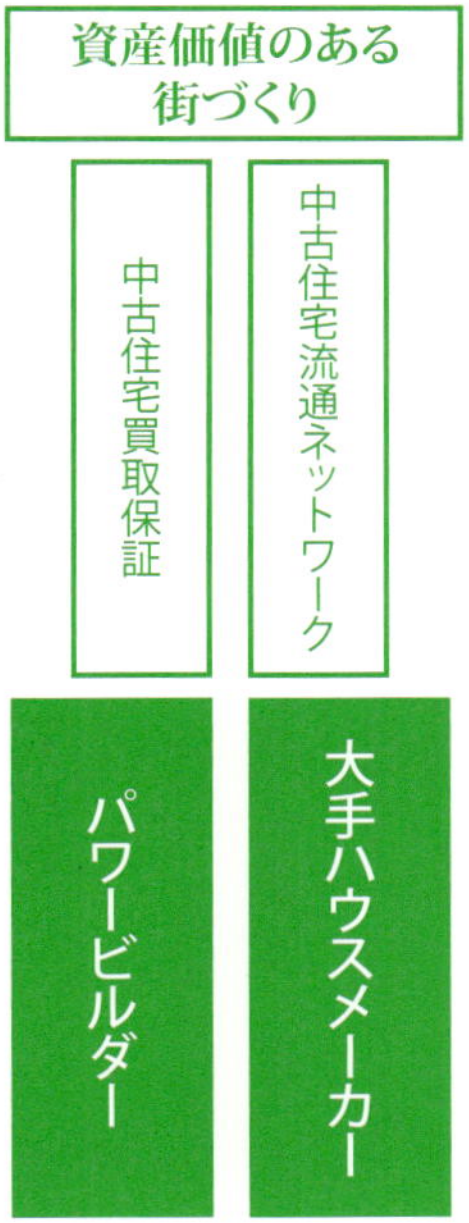

図5　資産価値の生きる時代の構図

3 パワービルダーの対応策

パワービルダーも大量に売る必要がある意味では原価率など大手ハウスメーカーと同じ難しさがあり、加えてローコストから逃げることができませんから、資産価値が生まれても「安い家」と評価されて、客に喜ばれる「お買い得」の力を失います。

資産価値が生まれれば高い家を買っても、高く売れればよいのですから、わざわざローコストで家をつくろうという考えは影を薄め、「お買い得」の意味は「将来値上がりする」ことに変化します。

なので収入の少ない層は、わざわざローコスト住宅を建てることより、安価な家を買って生活をしながら、値上がるのを待つことになります。

それでもパワービルダーが資産価値を求めれば、大手ハウスメーカーと同様に、ここでは資本力ではなく分譲力を生かして「資産価値のある住宅団地」をつくってみせたり、「中古住宅流通ネットワーク」「中古住宅買取保証」で顧客をハッピーにすることでしょう。

4 新築市場の終焉

以上のように、大きく展開している二者の資産価値を生む方法を考えてきましたが、ここで一つ忘れていました。

家に資産価値が生まれ、中古流通が盛んになれば、新築市場が縮小し、改修市場が拡大することを意味します。

異常なほどの新築市場だからこそ成長した大手ハウスメーカーとパワービルダーにとって、資産価値を生むことは、自身の市場を奪うことでしかありません。また、資産価値があれば、ローコストで家をつくることがお買得の意味を失うのです。

そこで俄然注目されるのが、小さな工務店で支えられる地場での家づくりです。

5　小回りが利く有利

メンテやリフォームは小さくて地味な仕事ですから、大企業には不得手で、地元にいて小回りの利く小さな業者が活躍する市場です。とはいえ地場工務店も、新築市場の土俵の上で大手ハウスメーカーやパワービルダーに引きずられながら、資産価値を生まない家づくりに邁進してきました。

でも、そこを逆に方向転換することに対して、小さな群れは小回りが利く分、有利に展開できます。

6 地場工務店の対応

（**図3**、**図4**）を見比べてください（一四五頁）。

●「流行のデザイン」はやめて、地域の気候風土・文化を生かしたデザインに転換すれば、将来も継続する普遍的なデザインになります。

●もともと営業範囲が小さく、売上げも小さいので営業経費は少なくて済みます。これをさらに合理化すれば原価率を高めて、資産価値評価を有利にすることができます。

●工法は在来木造軸組造で、土壁のような地域の材がベストですが、一般的な建材でも標準化したものならよいし、一方で……標準化に逆行する「職人が自慢気につくる建具」のようなものでも、職人が地元にいる以上メンテできるので構いません。

●性能ですが……、地場の気候を知り尽くした目で、その土地に必要な性能を求めればよく、それが地場だからこその実力となります。

とはいえ、地場工務店は「ピンからキリ」で、大工技術が自慢な者も、高性能が自慢な者もいて、逆もあります。人材も情報量も少ないので、全体的な実力を十分にもつことができません。なので家づくりを地場産業に戻すためには、個々が競うのではなく、地場グループを形成して、弱い所を補うことが必要になってきます（**図6**）。

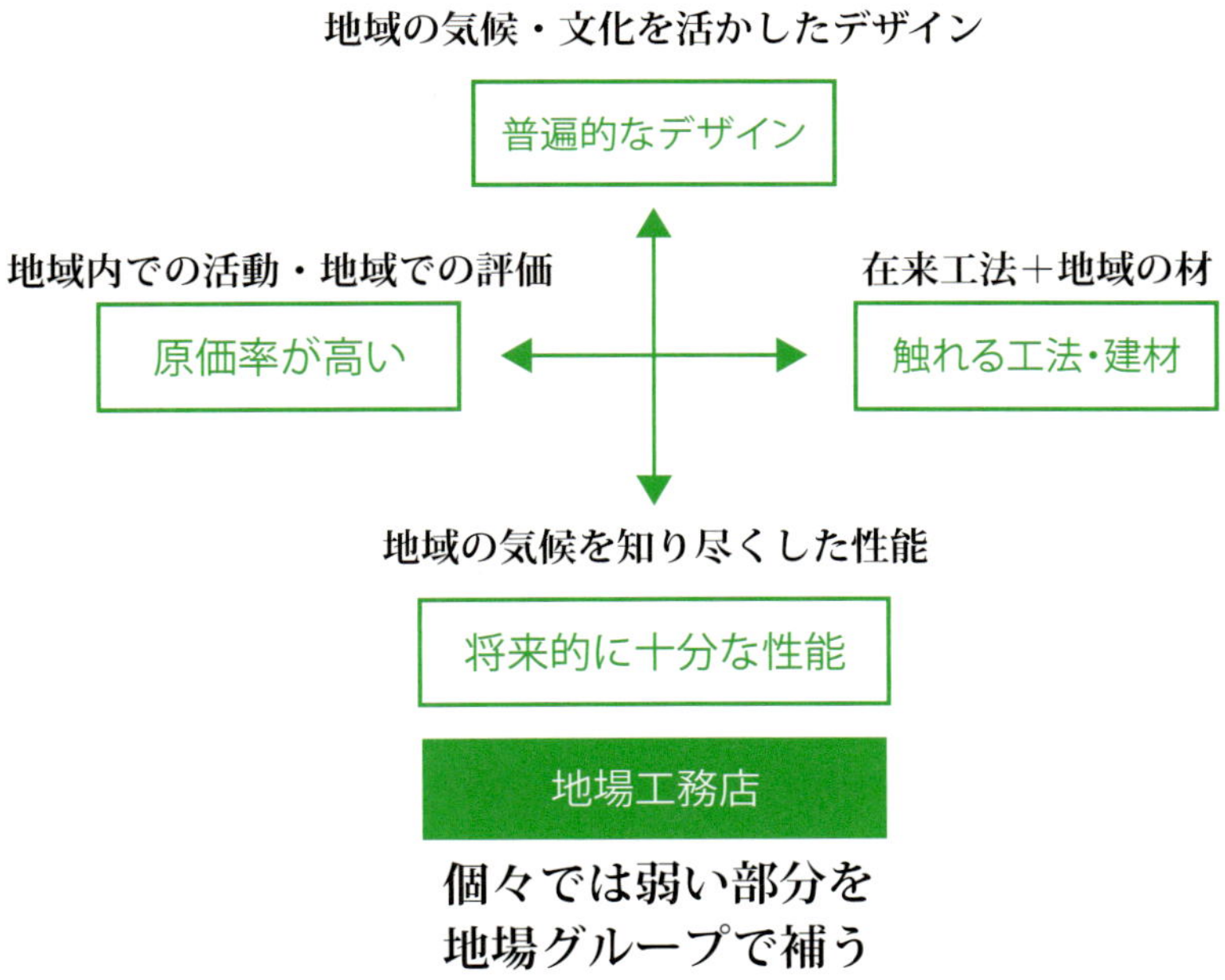

図 6　地場の家づくりが資産価値を生む条件

7章

木造の合理化

7章では木構造を考えます。構造なんて興味ないし、難しそう……という人もいるでしょうが、構造はデザインにも係るものなので、ここはパスせずにお付き合いをお願いします。

01 木造が好き

日本人は木造が大好き

家の構造には、木造、鉄骨造、鉄筋コンクリート造などがあります。

日本は古来から木造が主でした。世界で二番目に森林率の高い（**グラフ1**）日本ですから、木を使って家をつくるのは当たり前のことです。そしていつの間にか、日本人の魂に木造の空間が住み込んでしまい、木の家が大好きです。

それが証拠に「家を建てる場合の工法」を問えば、八一％が「木造住宅を選びたい」と答えるのです※一。また、木造住宅を選ぶ際に価格以外で重視するのは、「品質や性能がよく、耐久性に優れていること」（六八％）、「健康に配慮した材料が用いられていること」（六七％）となっています。

※一　内閣府「森林と生活に関する世論調査」平成二三年一二月調査

アメリカは木造の方が安いから

アメリカの家も木造が九〇％もあるといわれ、四階建、五階建の集合住宅も木造で建てられています。なので日本に負けずに木造が大好きにみえますが、私の見立てでは、彼らが木造を採用するのは他の構造より安価だからで、他の構造の方が木造より安ければそっちに移っていくような気がします。

随分前ですが、フクロウを保護するために伐採が限定された時がありました。木材が手に入りにくくなって価格が暴騰……、そこで彼らは鉄骨で家をつくろうと、盛んに軽量鉄骨の家が開発されました。全米ホームショーの会場では、軽量鉄骨の家がいくつも展示されていました（**写1**）。でも、再び木材が手に入りやすくなると木造に戻ったので、軽量鉄骨の家は普及しませんでした。

木は弱くない……

では、木造好きの日本人がなぜ鉄骨造や鉄筋コンクリート造の家を建てるのかといえば、木造住宅は地震や火災に弱そうで、水に濡れれば腐る……といったイメージからのものでしょう。

見た目では確かに木は燃えるし、鉄やコンクリートより弱々しそうですが、だからこそ耐火性、耐震性という科学的な判断があるわけで、外壁や内壁も含めた構造全体で性能を判断すれば、鉄やコンクリートに比べて遜色ない性能をみせます。

それどころか、木材は軽く（強度で有利）、断熱性が高く（結露、耐火で有利）、吸放湿性がある（結露に有利）という利点があり、軽量で薄いまま耐震性、耐火性をつくることができるのです。

順位	国名	森林率（%）
1	フィンランド	73.1
2	日本	68.5
3	スウェーデン	68.4
4	韓国	63.7

グラフ1　OECD加盟国 森林率上位4か国（2015年）

※森林率：陸地面積に占める森林面積の割合

写1　NAHB全米ホームショー・軽量鉄骨住宅の展示

02 木造の合理化

木造合理化の始まり

日本の家づくりは裏山から木を伐ってきて、それをしばらく寝かせて天然乾燥させた後に、その木を使って大工が家をつくりました（**図1**）。太い立派な木が使えたので、大きな断面の柱や梁を組み上げて、大きな開口をつくることができました。今のように釘も金物もなかったので、柱、梁は巧な仕口（**図2**）を用いて組み上げられました（**図3**）。

しかし、大量の家づくりが始まると、太い材を使うことができなくなって、細い材を用い、仕口だけでは弱いので補助金物でつなぎ、筋かいで耐震強度を確保しました（**図4**）。仕口を刻むのは難しく、面倒なので加工場で機械で刻むプレカットが始まりました。

ここまでは伝統的な軸組造を踏襲したものでしたが、さらなる需要拡大を抱えて、業界はもっと合理化させようと、構法自体に手を入れることになりました。

木材は加工しやすいので、現場で切った張ったして施工していくことができます。そこが利点ですが、一方で現場作業を多くして合理化を阻んできました。そこにメスを入れた新しい軸組造が開発されることになったのです（**図5**）。

図 3　大断面時代の軸組

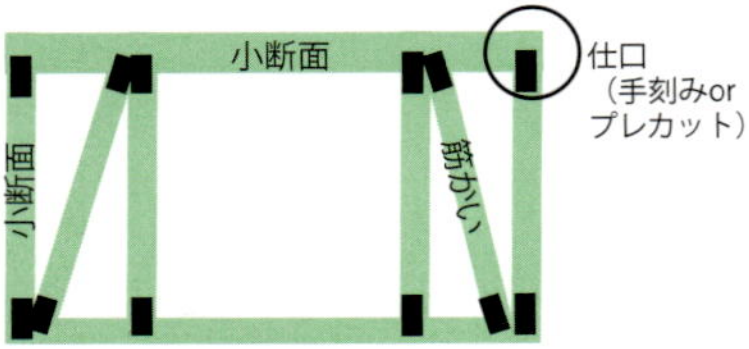

図 4　小断面時代の軸組

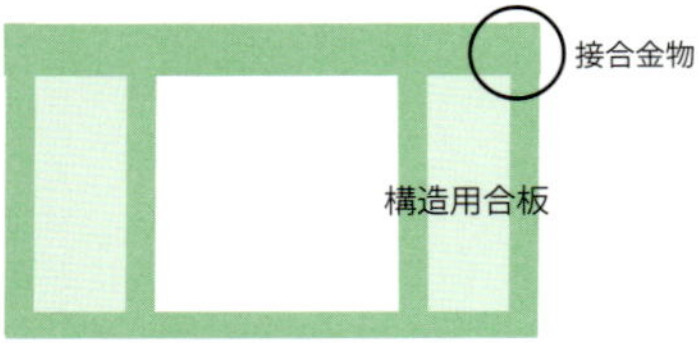

図 5　合理化時代の軸組

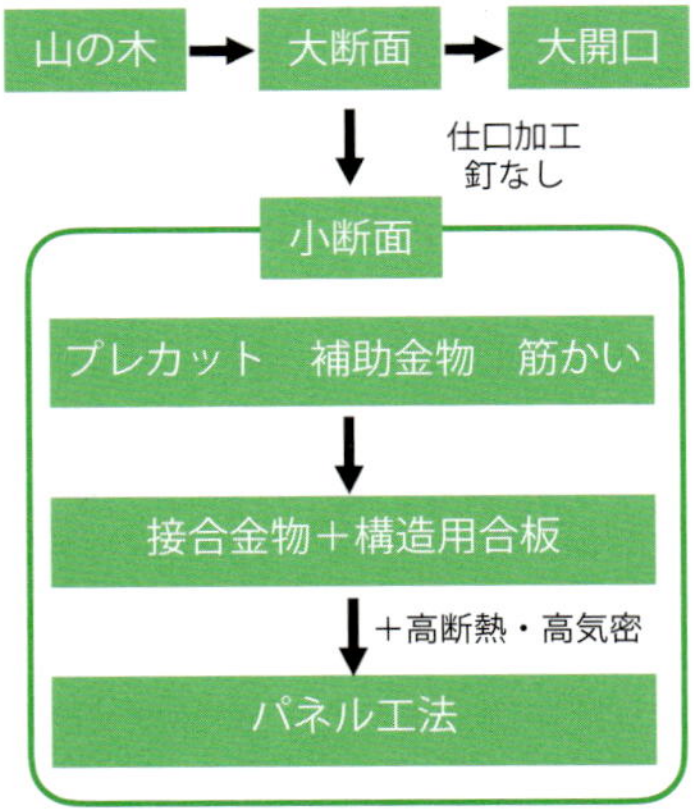

図 1　木造構法の変遷

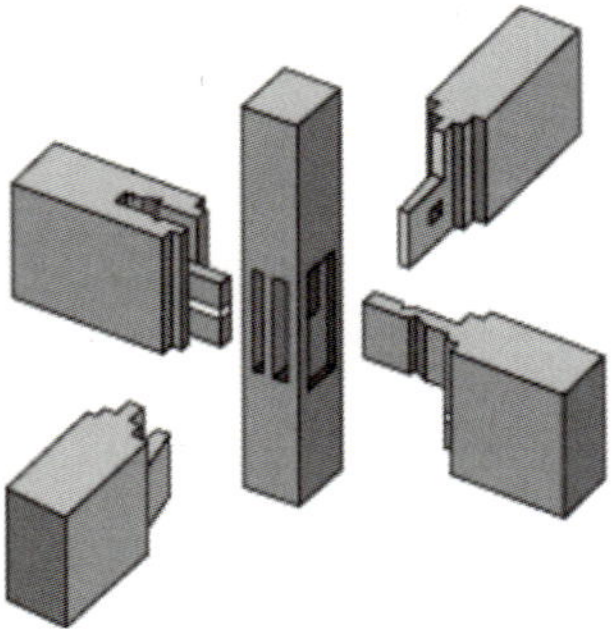

図 2　仕口の例

五つの合理化要素

（図6）が、在来軸組造合理化の五要素を示したものです。

①プラットフォーム
②梁寸法の限定
③②によって柱寸法の限定
④継手は従来の仕口のプレカット、または新開発の接合金物による
⑤筋かいの代わりに構造用合板張り
以上の五つです。

①作業は安全が第一ですが、従来の現場は床ができていない状態で施工が進められてきました。理由は「屋根から先」だからです。雨の多い日本では床を先につくれば、雨でビショビショになってしまいます。なので壁もできてない状態で、まずは屋根をつくるのです。でも、これでは作業性が悪いので、まず床をつくることにしたのです。これをプラットフォームと呼びます。

②、③木材は加工性がよいので、現場の寸法に合わせて断面を大きくしたり小さくしてきました。それは材を無駄に使わないためでしたが、結果として作業性を阻害してきました。そこで梁の断面を統一することにすれば、柱の長さも統一できて、部材の数を大幅

に減らすことができるのです。

④在来軸組造は柱と梁を仕口でつないで組み上げていきますが、その仕口の加工が難しく、時間がかかります。そこで仕口を加工場で機械的に削るプレカットを利用するか、または難しい仕口を不要にした接合金物を開発することにしたのです。

⑤柱と梁がつながっても、筋かいがないと家はグニャグニャしてしまいます。従来はこの筋かいに、幅の狭い板を使ってきましたが、強度も弱く、施工も面倒でした。そこで筋かいに代えて構造用合板を張ることにしました。構造用合板は筋かいより作業効率を高められるし、強度も大幅に高めることができるのです。

以上のように、従来の木造軸組造の不合理を解消するべく考えられたのが五つの項目でした。さらに、断熱・気密仕様を加えるとパネル工法になります（**図7**）。

パネル工法

断熱・気密化は新しい技術なので、施工する大工にとっては面倒が一つ増えたようなものでした。繊維系の断熱材はチクチクするし、気密化は繊細な神経をもって取り組まなければいけません。そこで、断熱・気密施工を組み込んだパネルを現場に持ち込めば、工期を削減することができ、確かな気密施工を可能にします。

そこで柱・梁を組み上げたうえで、加工場で製造したパネルを現場に持ち込んで、柱の間に挿入するパネル工法が開発されました。

こうして、軸組造の合理化に加えて、沢山のパネル工法が開発され、日本の木造軸組造はオリジナル工法が乱立する状況になったのです。

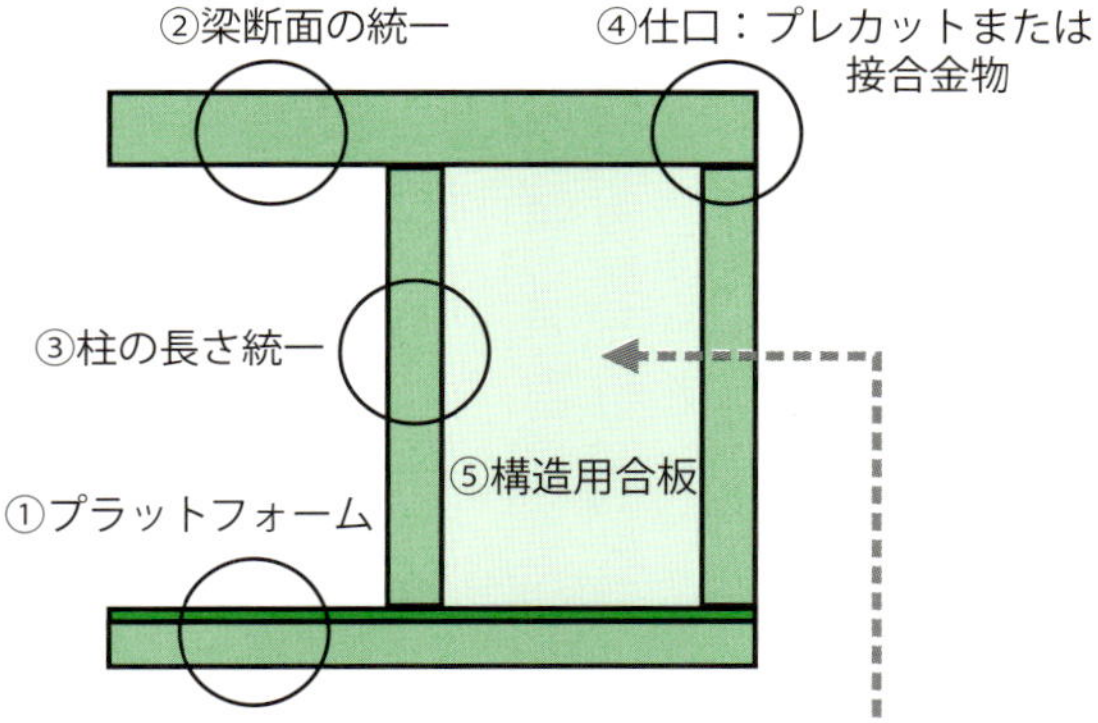

図 6　軸組造合理化の 5 要素

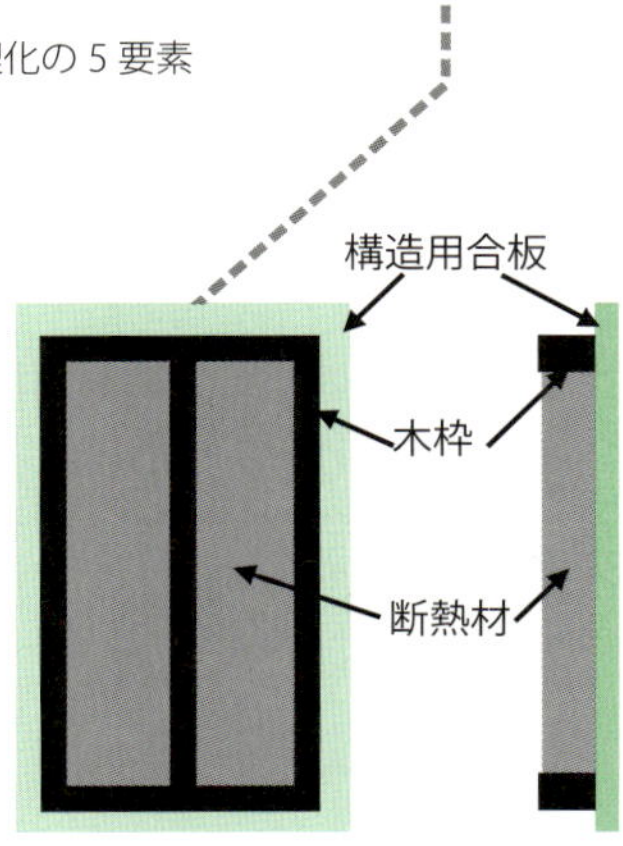

図 7　断熱パネル

アメリカの木造合理化

一方、アメリカでは一九世紀半ばから木造の合理化が始まっていました。5章でアメリカ住宅史を紹介しましたが、アメリカ本土には欧州各国の様式建築が持ち込まれました。その中には木造もありましたが、それは日本と同じく軸組造でした。それが2×4工法に変化した始まりが一九世紀半ばだったのです。

従来の軸組造では合理化はできないし、太い木材の確保も難しくなってきたことから、二インチ×四インチ（未乾燥状態の大きさで、乾燥後は1／2インチほど小さくなって一・五インチ×三・五インチ＝三八㎜×八九㎜くらい）の小さな断面（**図8**）の木材を用いたバルーンフレーム工法が開発されました（**図9**）。シカゴ郊外のマディソンにある林産試験場が開発しました。札幌の時計台も、この工法でつくられています。

この工法は細い材を沢山並べて強度をつくりますが、従来の太い柱や梁がありません。そこで、新しいことを嫌う業者たちから「突けば壊れる」と揶揄されて「バルーン工法」と呼ばれたのです。一方で、「風船を膨らませるくらい簡単」という意味もあるとか。

しかし、車産業ではテーラーシステムなど生産の効率化が始まり、労働者は大工より車の方が稼げるからと車産業に移っていきました。これでは大工がいなくなるという危機感を覚えた住宅産業が、バルーン工法のさらなる効率化をめざして開発を進めました。

そこで開発されたのが現在のいわゆる2×4工法で、アメリカではプラットフォーム工法と呼んでいます。民間の全米ホームビルダーズ協会（ＮＡＨＢ）が中心になって普及を図り、今では完全にアメリカの木造在来工法として定着しています。

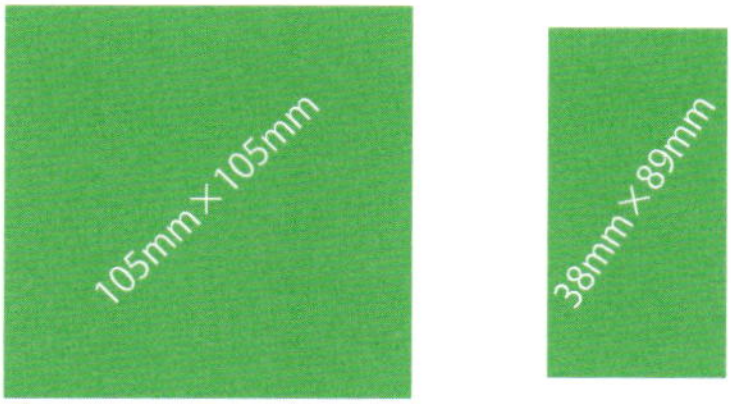

図8　軸組造柱の断面（左）、2×4の断面（右）

図9　バルーンフレーム工法

現場でつくる2×4工法

2×4工法はプラットフォーム（床）の上で壁パネルをつくり、それを起こして壁を形成します。次に、二階の床をつくって、同じように床の上で壁のパネルをつくって、起こしていくという方法です（**図10、11**）。バルーン工法では2×4材が二階まで通し柱で通っていましたが、それでは合理化はできないことがわかって、一階、二階に区切ることにしたのです。しかし、この状態では一、二階で構造がつながりません。それを補うために外側から構造用合板が張られることになりました。これをプライウッド・ダイアフラム構造といい、この構造革命が大きな合理化を生んだのです。この2×4工法を日本が導入しようと、晴海でデモンストレーションを行ったことは4章で述べました。

日本は国が民間に合理化の開発を任せ、その開発に対して認定というお墨付きを与えることで営業を後押ししてきました。結果は、一、〇〇〇ものオリジナルな合理化工法が乱立して競合しています。一方、アメリカでは公的機関がオープンな工法を開発し、それを民間の団体が普及させて、在来工法として安定した状態をつくっています。

パネル化は強度革命

2×4工法を、日本では枠組壁工法と呼んでいます。プラットフォーム上で壁パネルをつくる工法ですが、日本のパネル工法とはまるで違った考え方に基づいていました。

2×4工法は細い材を用いながらパネルにすることで強度を生んでいるのに対して、日本の軸組造のパネルは現場施工を減らすことでしかありませんでした。パネルにしたからといって柱の大きさは前のまま、その柱と柱の間にパネルをはめ込むものだからです。

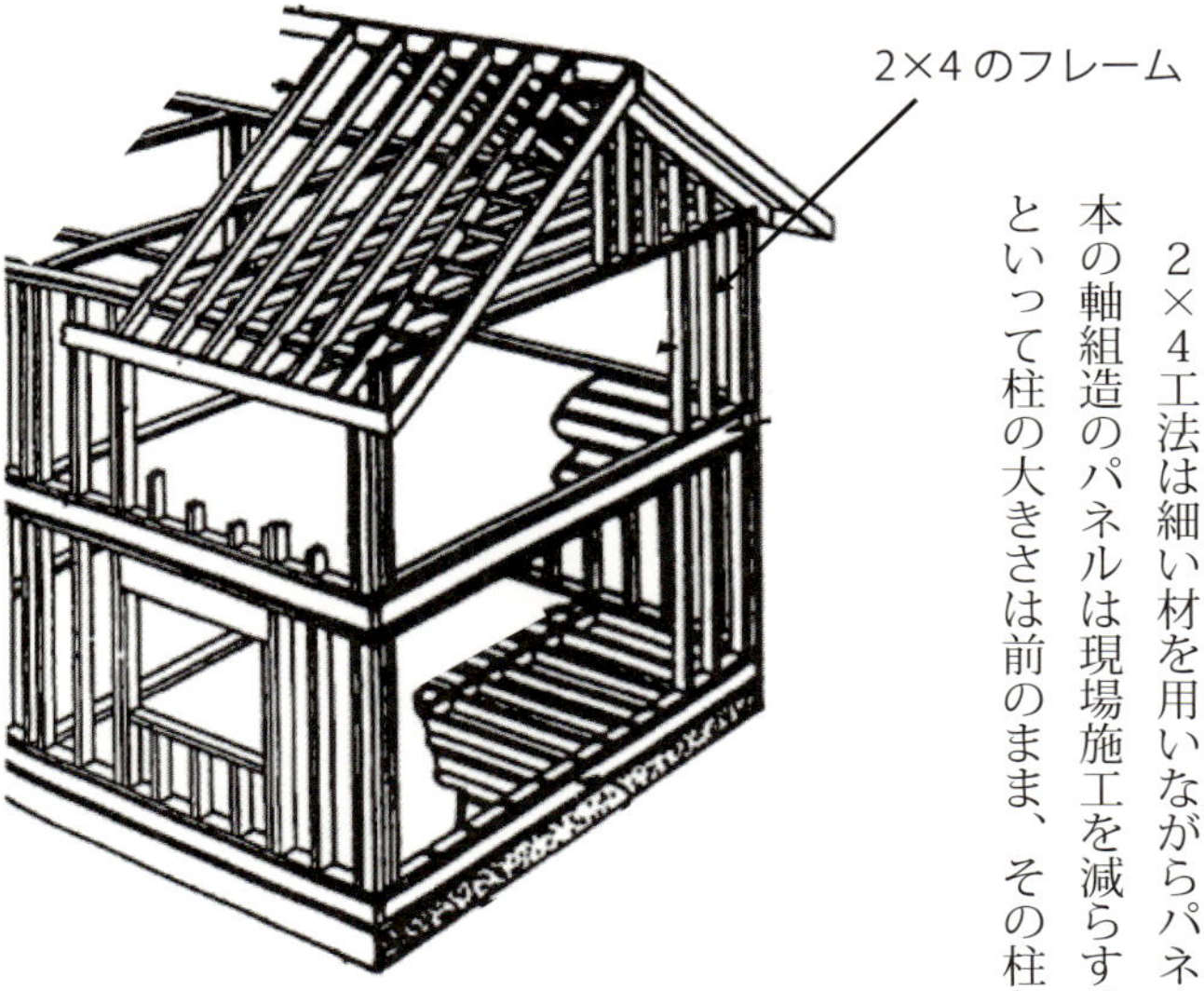

図10　プラットフォーム工法

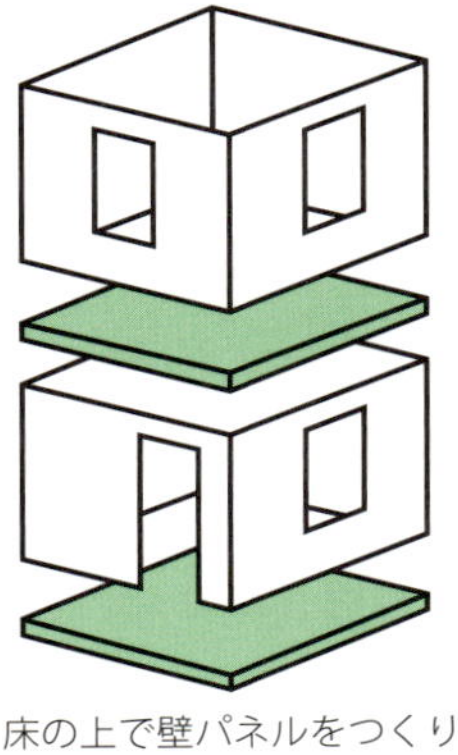

図11　床の上で壁パネルをつくり、立ち上げていくプラットフォーム工法

パネルの方が高くつく

日本のパネルは加工場でつくられて、トラックで現場に運ばれるのに対して、２×４工法は現場の床を加工場にして、そこで組み立てられます。

加工場でつくる方が技術的に楽で、天候に左右されないため計画的に生産できてよい点もありますが、加工場の作業台でパネルをつくっては脇に片付けて山に積み、それを一つずつトラックに積んで現場に運び、現場でまた一つずつ降ろして、柱の間に挿入していかなければなりません。

つまり、加工場の経費と運搬費、そしてパネルにするための枠材（**図7**）が無駄を生みます。日本のパネルは、単にプレハブ化しただけで強度革命をしたわけではなかったのです。

パネル化すれば現場施工が減って安くつくはずだったのですが、蓋を開けてみると逆に高くついてしまいました。そして、現場での工期は短縮するが、生産過程から計算すると逆に伸びてしまうという報告もありました。

さらに、プロの施工を減らせば儲けが増えると目論んだものの、減ったお金は自分のところに落ちずに加工業者と運送業者に落ちてしまいました。確かにパネル化で成功している業者もいますが、それはパネルを自社生産して、加工費が自分のところに落ちている例でした。

日本の合理化は変だ

また、日本の木造合理化が五つの項目で進められたと述べましたが、その五つをよくみてみると、まるで2×4工法の効率化と同じものであることがみえてきます。もちろん同じであってもよいのですが、だったら日本の柱の半分以下の材を用いた2×4工法の方が利口にみえてきます。

このように日本の在来軸組造の合理化は「変」だと私は考えて、一九九四年に『在来工法新時代』(日本住宅新聞社)を著してその考えを示しました。当時は合理化工法、パネル工法が持て囃された時代だったので、私の論は「消極的な否定」としか受け取られませんでした。でも、パネル工法が高くつくことは認識されることになり、合理化とはプレハブ化ではなく、「科学的な工程管理によって無駄をなくすこと」だという認識が業界に芽生えることになったのです。

03 軸組造を活かすデザイン

軸組造は線、枠組壁は面

軸組造と枠組壁工法の違いをデザイン面でいえば、線と面に分けられます。柱・梁が線で、枠組壁工法は面。柱・梁は室内に表しになる（真壁）のに対して（写2）、枠組壁工法は大壁に仕上げられます（写3）。大壁は木構造に石こうボードを張り巡らし、壁紙を貼るなどして木構造を隠してしまうもの。石造りの壁に漆喰などで仕上げた西洋のインテリアを踏襲した仕上がりです。また、大壁はきれいとはいえない2×4材を隠すことでも都合のよいものでした。

軸組造でも大壁が当たり前

でも、最近は美しい柱・梁の軸組造でも、大壁が当たり前になっています。真っ白い内装に包まれた空間が、魅力的だと感じる人が多いからでしょう。加えて、大壁にすれば雑な木材が使えるし、現場では傷をつけないように神経を使う必要もないので、コストを安く抑えられるということもあります。こうして軸組造でも真壁より大壁の方が多くなっていますが、だったらここでも2×4工法の方が利口にみえます。軸組造で大壁にするのは、単に軸組造に慣れているという理由だけにみえます。

写2　大壁造

写3　真壁造

線のデザインは自由度が高い

線のデザインは、まず柱を配置してから壁を描きます（**図12**）。面の構造は、壁を配置してから開口部の穴を開けます（**図13**）。だからどうしたの？　といわれそうですが、線のデザインは必要なところだけ壁をつくればよいという点で、面のデザインより自由度は高いのです。

次に、軸組造には二つのスタイルがあります。一つは大断面構造を用いて大空間をつくることであり、もう一つは八畳とか六畳のグリッドに限定するものです。

大きなリビングを夢みるのなら大空間が求められ、茶の間のように小さな空間でよければ、柱が小気味よく配置されたグリッドが軸組造らしい雰囲気をつくります。

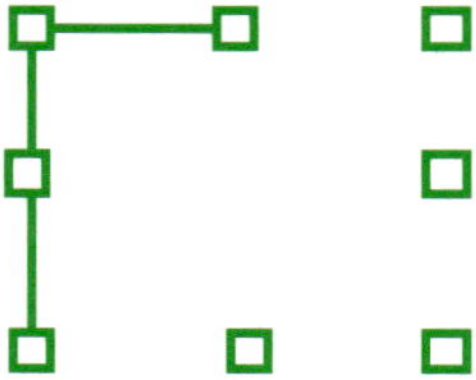

図12　線のデザイン

図13　面のデザイン

軸組造で大きな開口

軸組造は柱と梁で建つ（自立する）ので、その間を開き放しにできます。つまり大開口がとれる（大きな窓がつくれる）ことになります。枠組壁はパネルで強度をつくるので、開口部は壁をくり抜く必要があって、大開口が苦手です。

もっとも、軸組造でも筋かいは必要なので、柱だけで建てることはできませんが、耐力壁をバランスよく、上手に配置すれば、大きな窓をもつことが可能になります。

柱と柱の間の戸

軸組造の面白味は大きな開口がつくれることだけでなく、その構造体をレールにして襖や障子を走らせることができることです。襖や障子は建具と呼ばれますが、その語源は「柱と柱の間に建てる具」でした。一方、大陸から「窓」という文字が到来した時に、この漢字をどう読めばよいのかを考える必要が起こりました。そこで、柱と柱の間に建てる戸という意味で「まど」と呼ぶことにしました。

当時の日本は軸組の間に板戸または障子を置いていました（**写4**）。これらを外せば窓になり、置けば壁になりました。窓とは「閉めてもガラスを通して外の情報を得る」ものであるのに対して、ドアは「閉めれば壁になる」もの。昔の日本は柱の間に戸を建てるということでは、窓ではなくドア（戸）だったといえます。

そんな日本もガラスが使われるようになって、戸は窓になりましたが、それでも日本では「ガラス戸」（写5）と呼んだりして、窓とドアの区別が曖昧です。玄関は今でも引違いのガラス戸が使われるし、縁側の大きな引違いの窓から庭に出入りすることもあります。窓にもドアにもなる引違いは高気密性をもたせるのが難しいのですが、その人気は廃れることがありません。

日本的気遣いの空間

柱の間を開けたり閉めたりするのは、室内でも同じです。襖や障子が上下の框（かまち）をレールにして開閉するのです（写6）。すごいのは大工さんがつくった二、三㎜の溝を、滑車もない建具がスベスベにスライドすることで、こんな技は日本だけのものと胸を張ってよいでしょう。

建具が室内で開閉すると、柱で囲まれた空間（グリッド）の壁を開けたり閉めたりするので、時には狭い空間に閉じこもり、時には広い空間を楽しむことができます。仕切るといっても紙の壁ですから曖昧で、音も通れば、人の気配も感じてしまいます。

プライバシーを重視するならしっかりした間仕切壁をつくり、内装ドアで閉めることになりますが、なんとなく西洋の雰囲気です。建具による曖昧な仕切りは、人の気配を感じとりながら……、知らぬ顔をして通り過ぎるという「気遣いの感性」が必要で、そこが日本的美学でもあります。

清々しい薄い間仕切

日本では団地が生まれた時から、間取りを2LDKのように表現してきました。部屋は一つ一つプライバシーを求めて壁で仕切られます。なので、床面積の小さなマンションはなおのこと狭苦しいものになってしまいます。

一方、障子や襖で仕切られる空間は薄くて軽いので窮屈になりませんし、開いたり、時には外してしまえば、空間は大きく広がります。こうしてグリッド+建具は間仕切壁に囲まれた閉鎖空間にはない、気持ちよくも面白い空間を楽しむことができるのです（**写7**）。

部分と全体

建具はまた、取り外しできるところが重要です。空間を「開けたり閉めたり」する一方で、「あったりなかったり」。つまり建具は外せば部品(Parts)で、建てれば全体(Whole)。部分と全体＝Parts & Wholeと呼んでみれば、建具の面白さは日本を飛び出して世界

写 4　柱の間に置いた板戸

写 5　窓でもガラス戸と呼ぶ

写 6　敷居の上を滑る障子

写 7　グリッド＋建具の織り成す空間

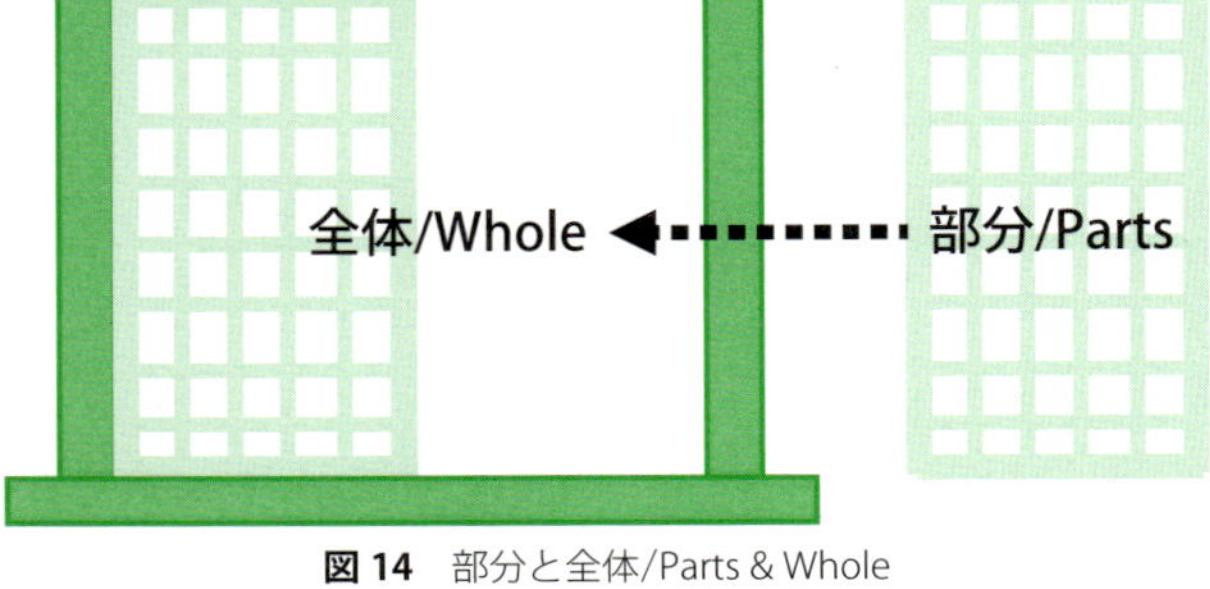

図 14　部分と全体/Parts & Whole

級……に思えてきます（**図14**）。ちょっとはしゃぎ過ぎですね。外すといえば畳も同じこと。床に敷いたり外したり。

こうして、軸組造では建具（襖・障子）も床（畳）も置いたり外したりできるので、建具は外して紙の貼り換えをすることができ、畳も外して表替えができます。固定された建材とはまったく違った世界がそこに展開するのです。

職人がつくり・置く

建具も畳もつくっているのは地場の職人たちで、大工が柱・梁を組み上げれば、建具屋・畳屋が現場に持ち込み、建て込んでいきます。これこそ軸組造を生かした合理化であって、部品をプレハブ化し、現場では置くだけ。大工と職人の分業は後のメンテナンスにおいて、大工不要の容易な対応を可能にします。

こうして考えてみると、伝統的な在来軸組造は地味ながら面白いし、便利であることがわかります。

近代建築の巨匠フランク・ロイド・ライトが、シカゴ万博で建設された日本館を興味津々に覗きながら「有機的建築」を発芽させていっただけのことはあるのです。有機的建築とは、すべてのものがつながっていること。部分と全体が巧みにつながっている日本の軸組造に、ライトは度肝を抜かれたのです。

04 ゼロ点設計

古い民家はゼロ点

古い民家を訪ねてみると土間があり、天井はなくて大きな断面の梁、太い柱、小屋組、そして電線までが露出しています。私はこの状態をゼロ点と呼んでいます。

この裸の状態に天井をつける、建具を建てる、土間に板を渡して床をつくる、そこに畳を置く……といった具合に、自由に表面材を加えていくことで、ゼロは一になり、二になります（**図15**）。

問題はどこをゼロとするかですが、構造だけでなく断熱も加えた状態をゼロと考えます。断熱の位置は真壁造なので、外張断熱（躯体の外側に断熱層をつくる）が基本になりますが、付加断熱にして真壁を維持しながらの充填断熱を加えることもできます（**図16**）。

すべての家がこのゼロ点設計から始まれば、消費者は最低限のコストを知ることができ、そこから内装を仕上げていきながらのコストアップを図ることができます。どんぶり勘定の「坪いくら」ではなく、お買い得なトッピングコストと同じです。

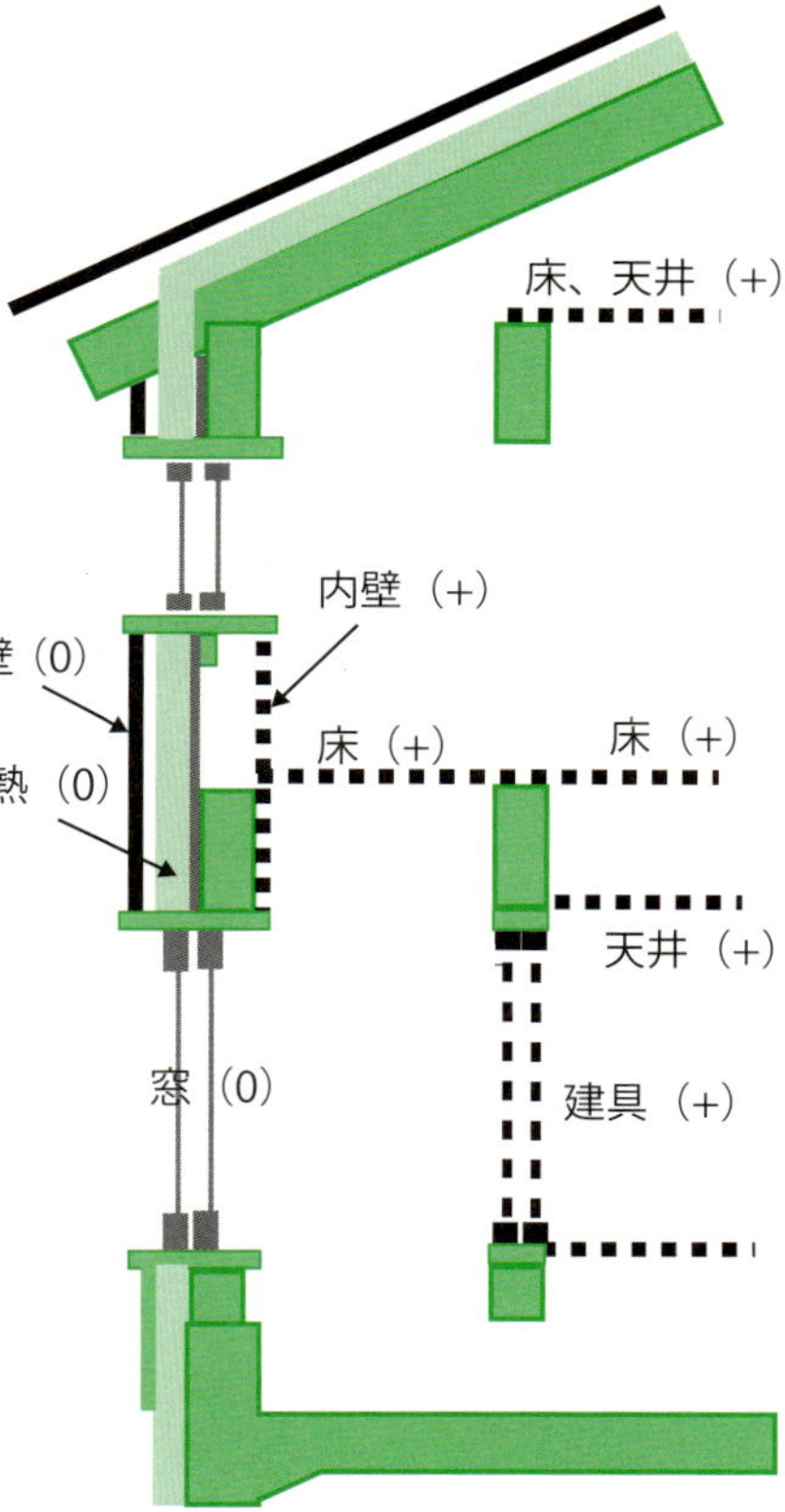

図 15　ゼロ点設計

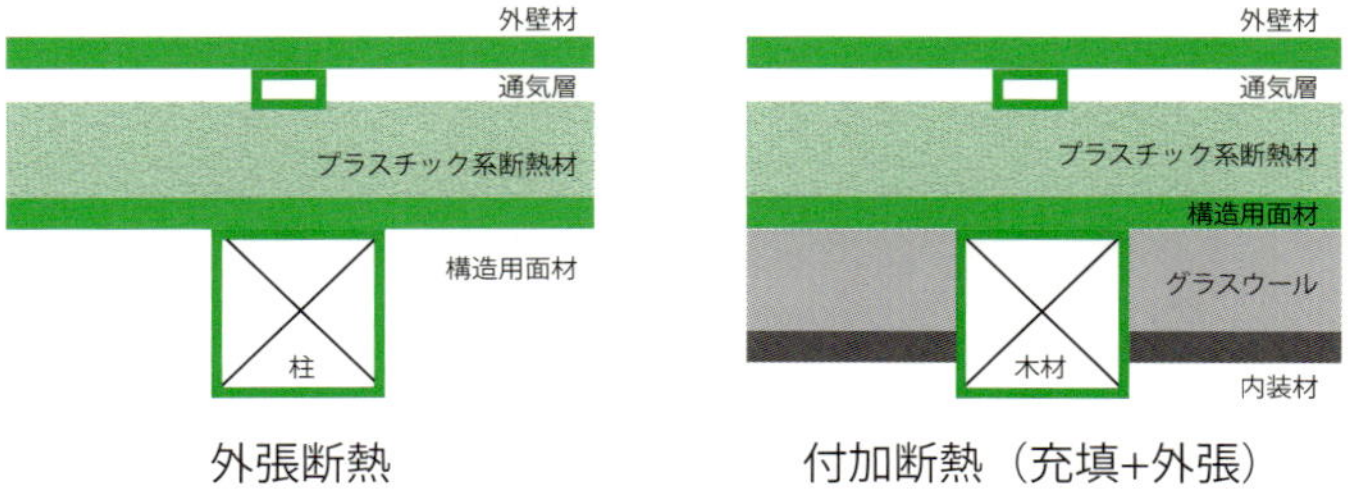

図 16　ゼロ点設計の断熱仕様の例

天井も床も置くという発想

ゼロ点の状態でも生活はできるし、その方が面白いことだってあります。古い家を買い取り再販するリノベでは、柱・梁のままで販売することもあります。今の若者は家の中を自由に演出したいと考えるので、ゼロ点の方が喜ばれることだってあるのです。

軸組造は壁構造と違って、釘や接着剤で固定するという概念ではなく、建具や畳を置くというイメージで捉えるもの。「天井をつける」は固定することになるので、壁構造のイメージ。軸組造では、天井だって置くことができます。（写8、9）は拙宅の天井です。格子状に組んだ天井はぶら下げることもできるし、受け材に置くこともできます。また、パンチングメタルの天井は軽量で、一mくらいなら自立できる強度があるので、梁の上に置くことができます。拙宅では、洗面所上の小屋裏収納の天井にこのパンチングメタルを置いており、前後にズラして出入口にしています。洗濯機を隠している大きな格子が、小屋裏に上るハシゴになります。

また、（写10）は縁側の床として梁の上に置いた「プラスチックの格子」です。歩いてもビクともしない強度を持ち、吹抜の役目も担います。そして、（写11）は床板を朝鮮張りにした例です。大引きに板を置いてあるだけ。どこでも開けることができるので、床下は収納スペースにできるし、腐れ・シロアリのチェックも容易になります。（写12）は貫禄のつ

写 8　格子天井

写9　アルミパンチングの天井

写 10　プラスチックの格子の床

写 11　床の朝鮮張り

写 12　貫禄のついた朝鮮張り

いた床板です。

このように天井も床も、「固定するもの」という既成概念をゼロ点設計は払拭させることができるのです。

ゼロ点設計の建材

ゼロ点設計は建具、畳など職人が地場でつくるのが原則ですが、もちろん市販の建材を使うことも必要です。その時にはメンテナンスを考慮して、「標準化」したものを採用します。そうすればＤＩＹでも購入でき、施主自らのメンテナンスも可能になります。

一方で、地場の職人が自慢の腕でつくった逸品は標準化していませんが、つくった本人または継承者が地場にいるのでメンテナンスも可能です。

以上のように壁構造には壁構造の、軸組造には軸組造のよさがあり、得意なデザインがあります。これまではそんなことに無頓着に、和とも洋ともつかない無国籍デザインを、壁構造でも軸組造でも同じように追いかけてきました。

これからは、数十年先まで資産価値を失わず、一〇年後には売って出る家をつくっていかなければなりません。数十年先……デザインは和も洋もなくて、新たなイメージのものになっているはずです。でも、軸組造は真壁で、壁構造は大壁で、各々の美しさを追求していくことに変わりはないでしょう。

8章

八畳グリッド

8章では、木造軸組造の性格と魅力を活かす間取り設計について「八畳グリッド」を提案します（**図1**）。もちろん「八畳グリッド」が資産価値のある家をつくり、家づくりを地場産業に戻す「決め手」というつもりはありません。これは私が構想している一つの案であり、叩き台です。この提案をヒントに色々な方法論が生まれることを期待しながら、私論を展開したいと思います。

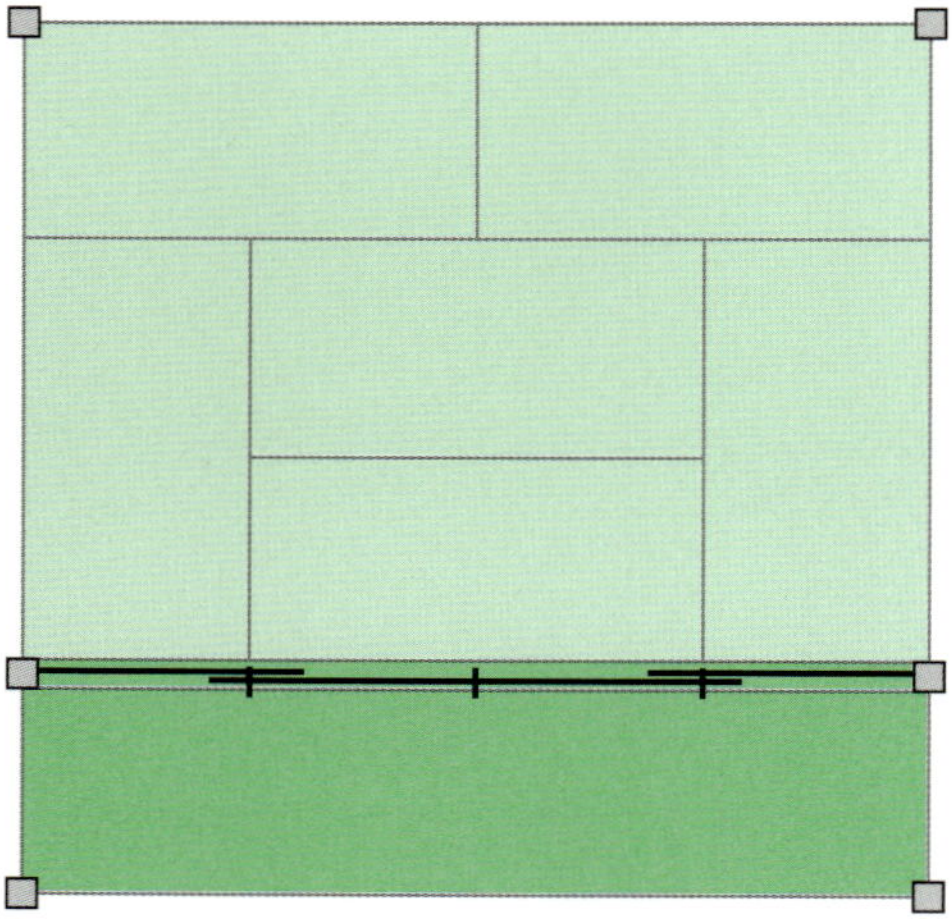

図1　八畳グリッドの平面

01 軸組造のイメージ

軸組造らしい家といえば、「民家」でしょうか（写1）。なんとなく生活がにじみ出て、優しくも厳しさを乗り越えてきた我慢強さのようなものを感じます。町家も木造の美しさがみえて、ここでは街の生き生きとした雰囲気が感じられます（写2）。

一方、韓国に飛んでみると軒先をピンと張った両班（ヤンバン）屋敷があって、日本の民家や町家とは違った凜々しさを感じます（写3）。当時の朝鮮は階級社会で、両班は上流。その威勢が家にも反映されています。

日本では、お殿様でさえ頭を下げ、刀を降ろして入室した茶室は、「わび」「さび」のみえる数寄屋造り（写4）。日本らしい美しさがにじみ出ています。

こうして木造軸組造を活かすデザインはさまざまですが、地場に根ざした「普通」の家はどのような姿なのでしょうか。

新建材の箱に目が慣らされている私たちにとって、一気に民家風や数寄屋風に戻ることはできません。

それでも軸が囲むグリッドが揃えば、さまざまな間取りの家が無秩序に建てられても、どこか地場の雰囲気をもって家並みは揃ってくるはずです（写5）。

写 1　民家の外観（松本）

写 2　町家（京都）

写 3　両班（ヤンバン）の屋敷（ソウル）

写 4　茶室/数寄屋造り（大徳寺）

写 5　揃った家並み（竹原）

02 八畳グリッド

軸組造は柱で建つ構造なので、二階建の場合は一階と二階とで柱が通らないと、バランスが崩れて強い構造になりません。間取り優先で設計してしまうと、アンバランスな構造になりがちです。そこで柱で囲まれた空間の大きさを固定することができれば一、二階に柱を通すことができて、バランスのよい建物にすることができます。

家の構造がよいバランスで建てられていけば、自ずと街並みも揃ってきます。八畳グリッドは家も街も美しくさせるのです。

畳割り

日本人は、畳割りで部屋の大きさをイメージすることができます（**写6**）。茶の間は四畳半、子供部屋なら六畳でいいし、トイレは一畳、風呂は二畳くらいあればいい。階段は最低畳の幅が必要で、直行なら二畳分の長さが必要……くらいのことを素人でもイメージできるのです。なので方眼紙に間取りを描いて、家族会議が始まります（**図2**）。畳割りに従っていれば柱の位置が決まりますから、それが一、二階で通っていない……とかはあっても、とにかく平面図でありながら立体的にもイメージできていきます。

間取りの検討は楽しいもので、奥様は少しでも収納が欲しい、家事室も欲しいと畳三枚分を確保しようと必死になり、旦那様は自分が籠もって好きな時間を過ごす書斎が欲しい、たった一畳でもいいから……と懇願します。

このように畳割りで間取りを考えることができる日本人にとって、畳割りで構成されたグリッドは自然体で受け取ることができるのです。

六畳＋二畳の縁側

八畳グリッドは、六畳の部屋に二畳の縁側を加えた八畳の空間構成（ユニット）です。この正方形のグリッドを並べて間取りをつくっていくのです。玄関も階段も収納も、キッチンも洗面・脱衣場、トイレも、みんなこのグリッドの中に収めていきます。

グリッドは、**（図3）**のように並べれば田の字型の間取りになります。田の字型は伝統的な民家の基本形で、普段は一つ一つの部屋に分かれていても、ハレの日には建具を開いて大きな空間に広がります。また、グリッドはジグザクに並べることもできれば**（図4）**、横に細長く並べることもできます**（図5）**。とにかく六畳の部屋＋縁側をセットにしたユニットで、間取りをつくっていくのです。実際にはどんな風になるのか……、私が基本設計した実際の新築住宅の例を後で示します。

写 6　6 畳間（竹原・頼惟清旧邸）

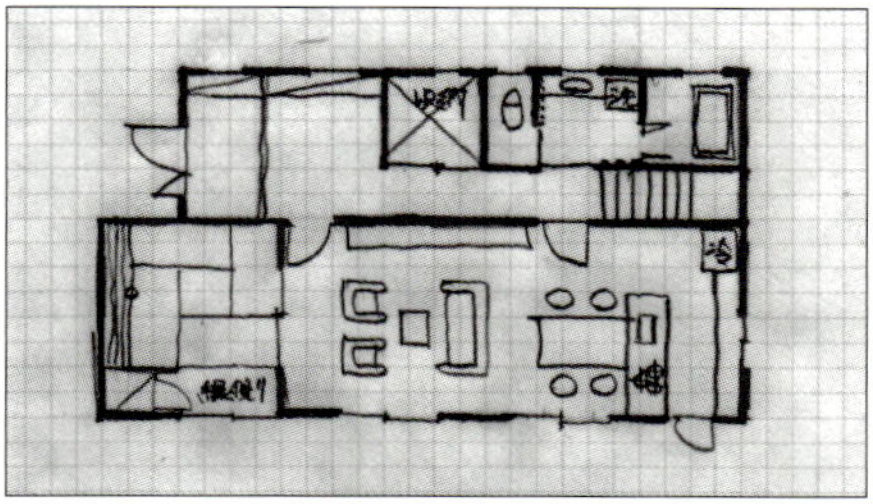

図 2　方眼紙に間取り

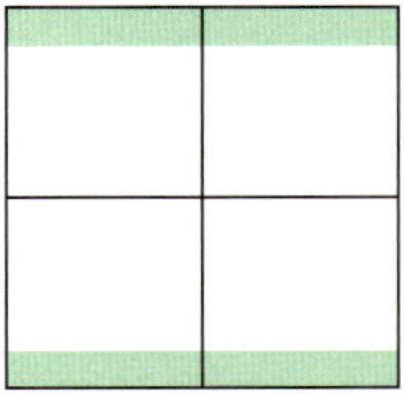

図 3　田の字に並べる

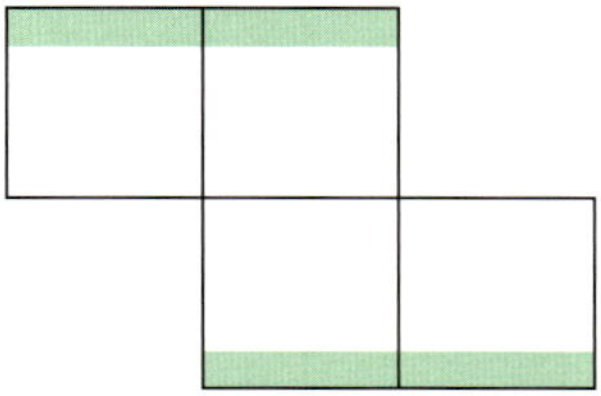

図 4　ジグザグに並べる

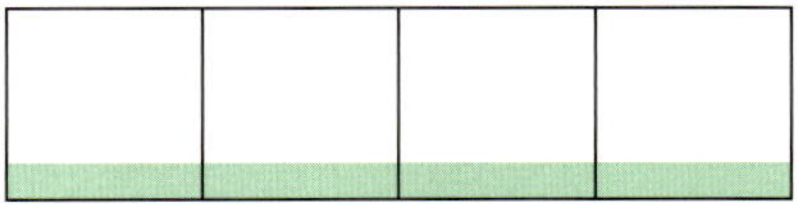

図 5　横に並べる

03 縁側

ここでみなさんは「なぜ縁側なの？」と、疑問に思うことでしょう。なぜなら縁側という日本伝統の部位が、最近では無縁のものになろうとしているからです。縁側をつくるくらいなら、リビングの面積を少しでも増やしたいというのが本音だからです。

廊下

縁側は日本間に付属するもの……という目でみれば、日本間の影が薄い今、縁側なんて要らないと思われてもしかたありません。でも本来、縁側は日本間に付属するというよりは廊下でした。

部屋から部屋に移動するのにも、色んな形があります。

西洋のお屋敷ではパリのルーブル美術館のように部屋から部屋へ移動していくので（**図6**）、三つ先の部屋に行くのに二つの部屋を通過しなければなりません。これに対して、イスラムの国々でよくみられる中庭形式（**図7、写7**）では、中庭から各部屋に入ることができます。

そして、日本では縁側から各部屋に出入りするだけでなく、部屋から部屋への移動もできます（**図8、写8**）。ただし、この芸当は障子や襖という軽量で薄い間仕切がスライドすることで可能になる技。なのでプライバシー度はきわめて希薄で、それを実現させたのは日本人の「気遣い」の感性があってこそといえます。

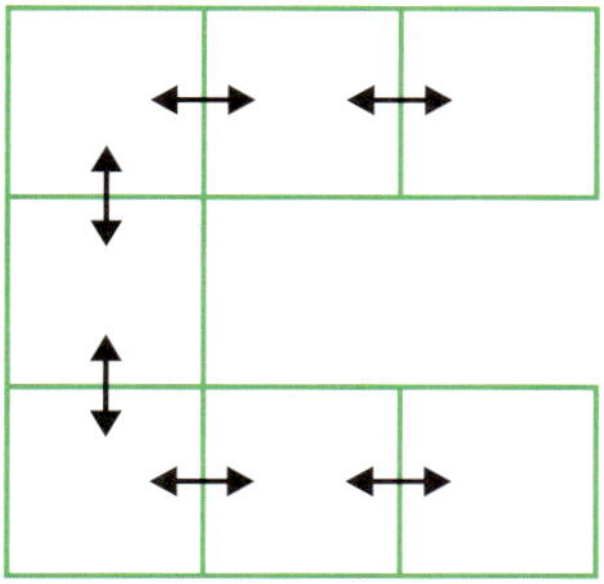

図6　部屋を突き抜ける

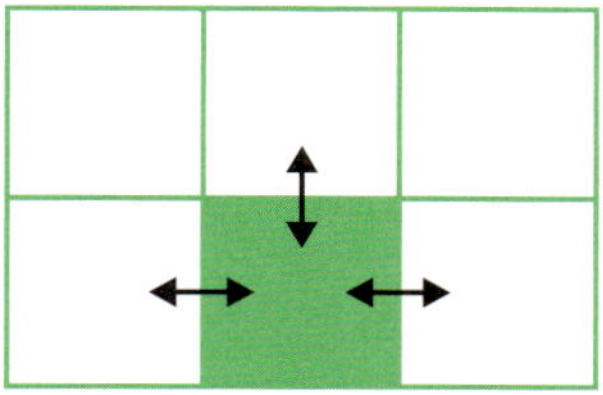

図7　中庭から入る

写7　中庭（スペイン・マヨルカ島）

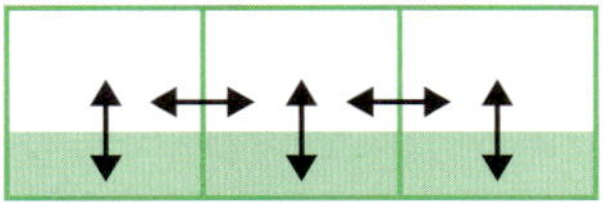

図8　縁側からも部屋からも出入り

写8　縁側から出入り（竹原・松阪邸）

パッシブ

縁側はまた、日射を取り入れるサンルームでもあります（**写9**）。冬はこの日射をタップリ取り込んで、暖房として使えば「Rich な快適」が得られます（**図9**）。

そして縁側は室内側の障子を閉めれば、空気層になって断熱の役目を果たします（**図10**）。つまり、陽が落ちた後は障子を閉めれば、熱的なクッションとなって部屋の暖かさを保つ役目を担ってくれるのです（**写10**）。

とはいえ、夏に日射を取り込めば、逆に暑さを招いてしまいます。そこで、働くのが伝統的な軒の出です。冬の日射は低く、夏の日差しは高いので、軒の出があれば冬は陽を取り込みながら、夏は防ぐことができるのです。

また、縁側の大きな窓は夏の心地よい風を取り込みます。深い軒が縁側に日影をつくり、そこで涼しい風を楽しみながらスイカを食べるという贅沢。

こうして縁側は自然の恵みを「開けたり閉めたり」しながら、パッシブデザインを実現させるのです。

中間領域

縁側は大きな開口（窓）で構成されるので、大きな物を出し入れするのに大変便利だし、ちょっと庭に出るのに玄関を通らずに済みます。そして、気の置けないご近所さんや友人には縁側から出入りしてもらえばよいし、縁側に腰掛けて茶飲み話をすることができます。つまり、縁側は内とも外ともつかない「中間領域」として、面白いお付き合いの場となるのです**（写11）**。

縁側で思い出すのが、綾瀬はるかと藤木直人のTVドラマ「ホタルノヒカリ」です。ここでは会社のOLと上司が共同生活をして、お互いの部屋から出てきて過ごすのが縁側。ここでの縁側は廊下ではなく、缶ビールを飲みながらダラダラする家の中の中間領域。**（写12）**は、京都の老舗旅館の縁側にイスとテーブルが置かれている様子です。大正ロマンのようなものを感じますね。縁側はこんな風にオシャレな空間でもあるのです。

こうしてみると縁側は幅も奥もある不思議な、そして魅力的な空間であることがわかります。

今ではドラマの世界にしか存在しない縁側ですが、だからこそ一気に、憧れの空間として復活することが予感されます。

写 9 縁側はサンルーム

写 10 縁側の開けたり閉めたり

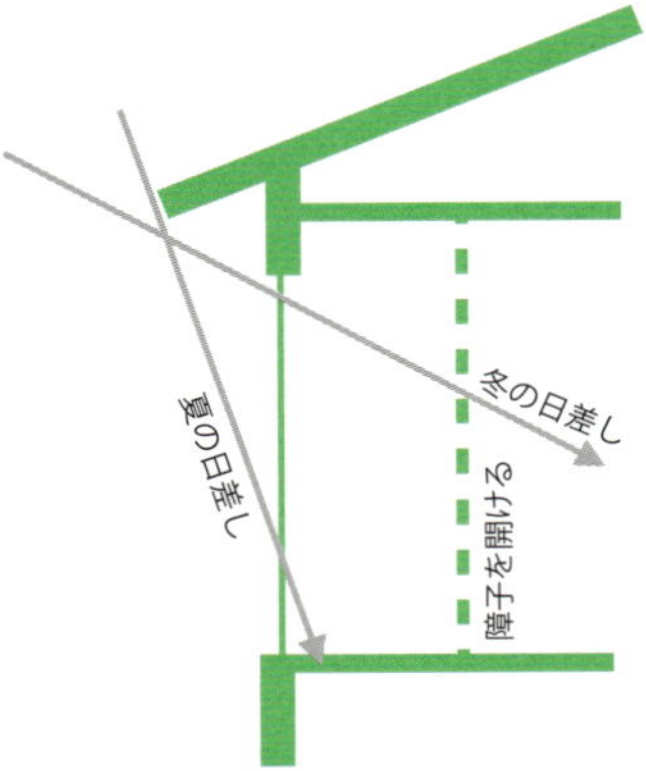

図 9 軒の出で、夏の日差しを防ぐ

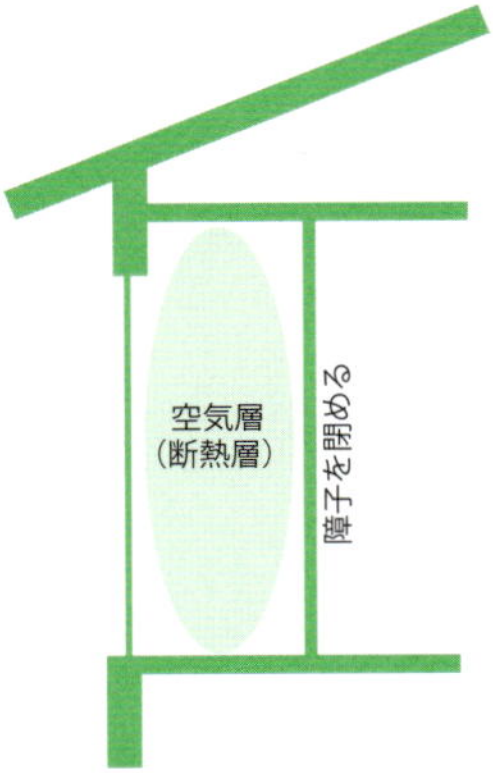

図 10 障子を閉めると、縁側は空気層（断熱層）になる

写 11 縁側は内とも外ともつかない中間領域

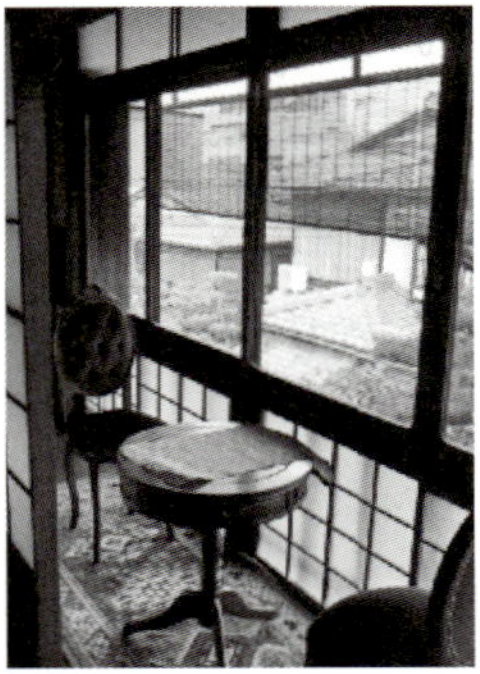

写 12 縁側はオシャレな空間（京都の老舗旅館）

04 裸貸し（はだかがし）

江戸時代の大阪は、住民の九割が借家に住んでいたといいます。その長屋に、面白い仕組みがありました。

屋根と外壁、柱と梁、床板などの「戸じまりと雨じまいを保証する部分」は大家さんの所有物なのに対して、家の中の畳・障子・襖、さらには流しや竈（かまど）は店子が自分で調達するのです。これを裸貸し（はだかがし）と呼んでいました。引っ越しする時には、畳や障子も一緒に持って行くか、または中古品を売ったり・買ったり・借りることもできました。

スケルトン・インフィル住宅に通じるものが、こうして江戸時代の大阪にはあったのです。そして、こんな芸当ができるのは軸組造だからこそ……、ゼロ点設計の発展系といえます。

畳割り

裸貸しを可能にしたのは、「京間」と呼ばれる寸法形式だったからです。京間は畳割りが標準だったのに対して、江戸間は柱割りでした（**図11、12**）。

畳割りは畳を並べて部屋の大きさを決め、その周りに柱を立てていくので、畳の大きさは一定になります。

一方、柱割りは柱の芯で部屋の寸法を決めるので、中に入る畳の大きさは一定になりません。柱割りは設計では便利ですが、部品はそのつど寸法が違ってしまいます。

一方、畳割りは部品の大きさが一定なので、裸貸しを可能にし、前もってつくっておくこと（プレハブ）もできました。

今日のアパートがこのシステムをのせれば、内装に触ってはいけない、汚してはいけないから開放されて、自由で個性的な生活を実現することができます。そして、建具も畳も設備までもが中古流通したりリースされるのですから、無駄のないエコなアパートに変身させることができます。利口な若者たちが、この利点を見逃すわけはありません。今日のアパートが、江戸時代の「裸貸し」で変身するかもしれません。

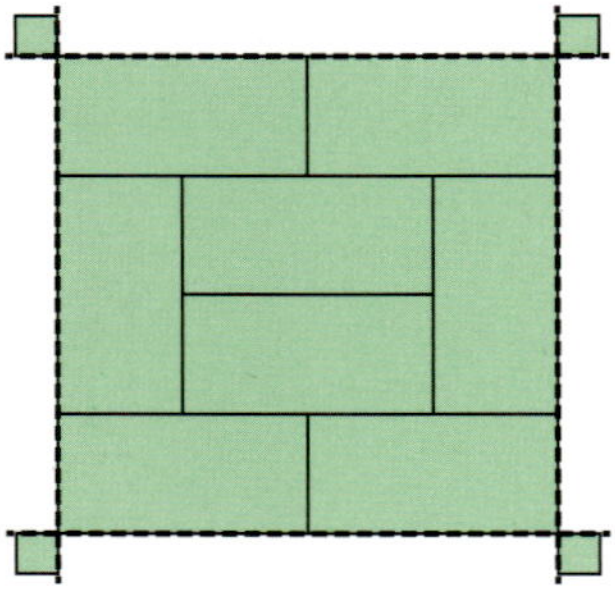

図 11　京間の畳割り

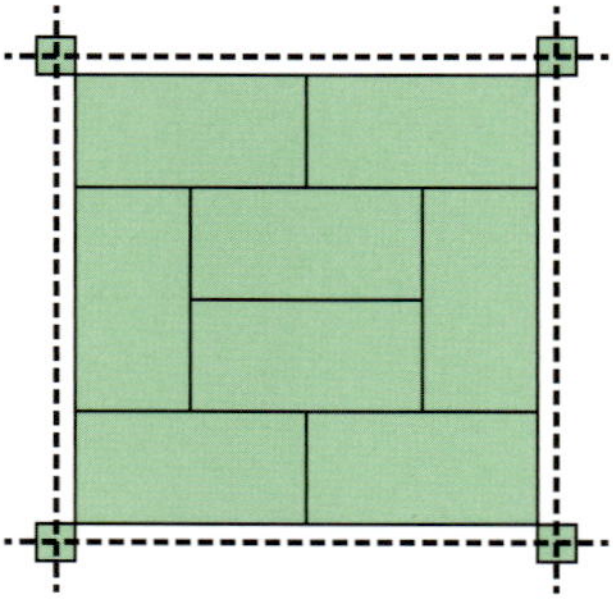

図 12　江戸間の柱割り

05 八畳グリッド事例（MEP）

八畳グリッドで、実際に設計・建設した例が〝MEP〟です（写MEP1）。MEPは埼玉県飯能市の住宅街に建設された新築住宅で、南雄三（基本設計）＋杉坂建築事務所（実施設計＋施工）のコラボによるもの。八畳グリッドに出窓を加えたパッシブデザインで、名称のMEPは「施主であるMさんの八畳グリッド・出窓でパッシブ」で、M's EightGrid Passive の頭文字をとったものです。

基本設計に際して私は、日本の家づくりを地場産業に戻すことを提案するモデルにしたいと考えました。八畳グリッドで、大工が組み上げる軸組に職人がつくる建具が走り、畳が敷かれる。そこに加わる縁側に、出窓を加えたパッシブデザイン（図MEP1）。

地場産業に戻すモデルにするなんて……とMさんに言われて当然ですが、私にはMEPが住みやすく資産価値を高めるデザインになることの自信がありました。そして、Mさんも私の提案を快く受け取ってくれたのです。

地場の木で地域経済循環

飯能は、今では都心に通うベッドタウンですが、往時は秩父の良質な木材「西川材」を

写 MEP1　MEP 外観

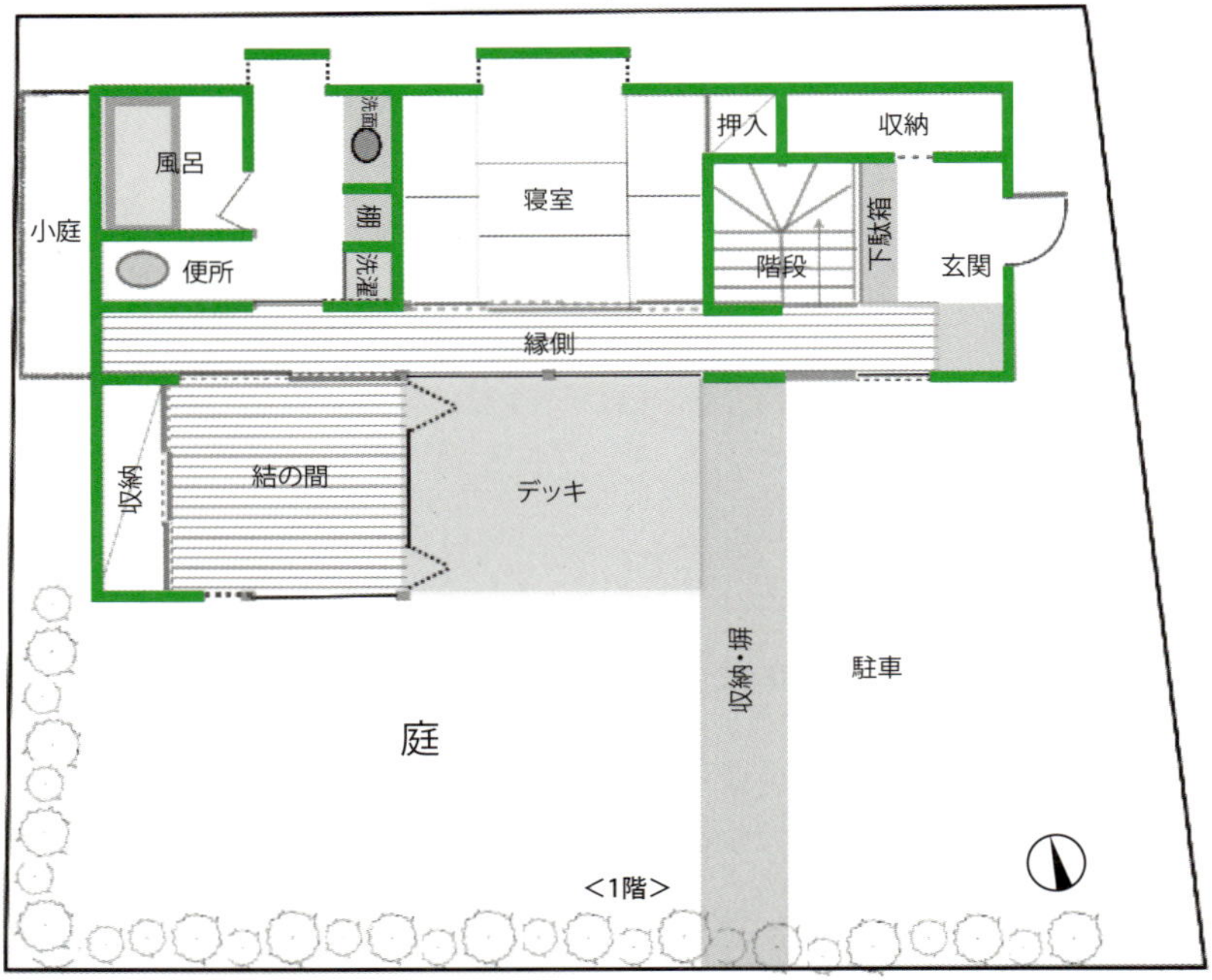

MEP はパッシブデザインを有利にさせるために、2 階をリビングとしました。1 階結の間から庭をつなげるためにデッキをつくり、駐車場との境界に収納を兼ねた塀をつくって、庭を外部から閉鎖しました。

図 MEP1　MEP 平面・立面・断面図

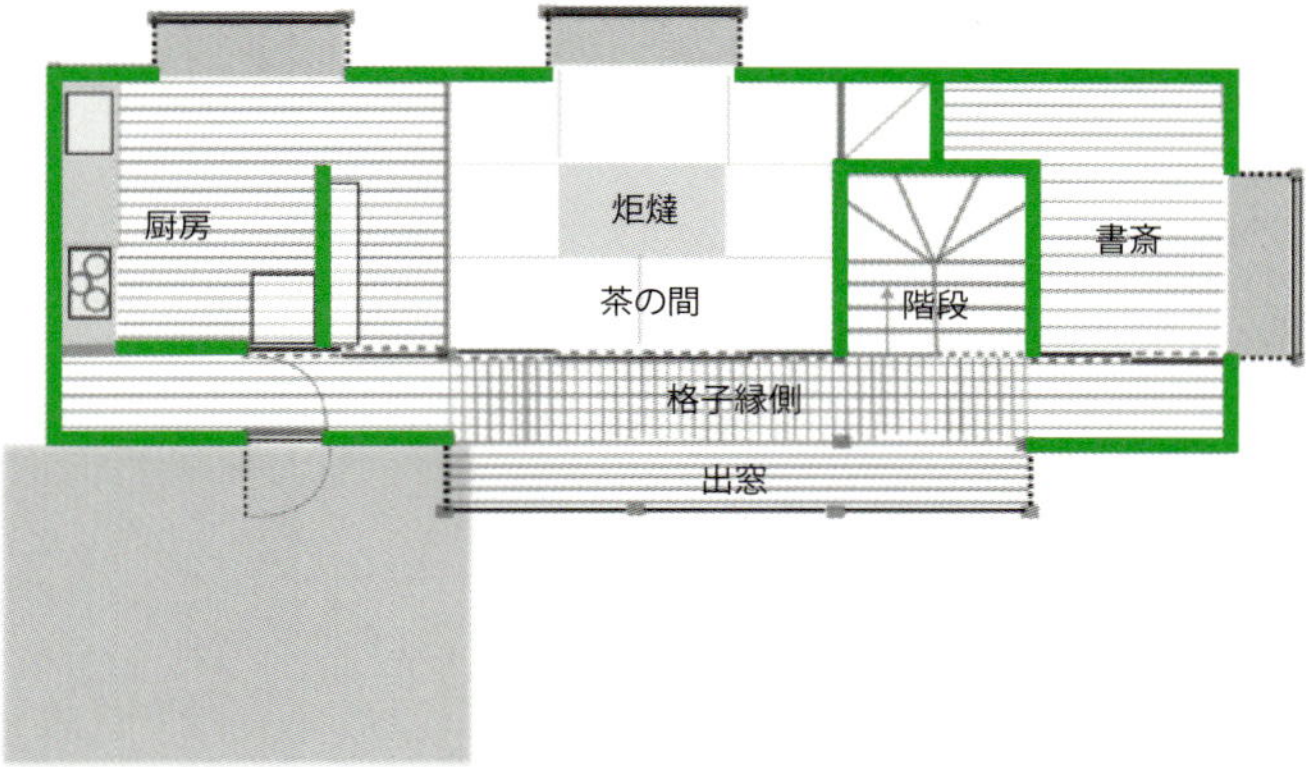

＜2階＞

西立面

東立面

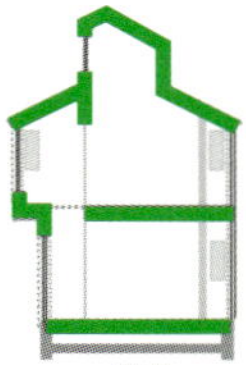

断面

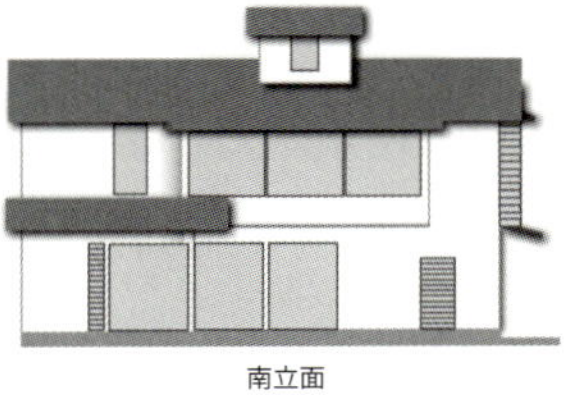

南立面

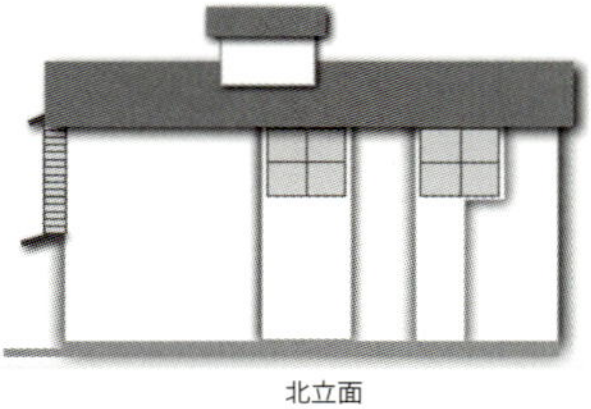

北立面

江戸に送る中継地として繁栄し、沢山の木材関連業者で賑わいました。

Mさんは地場の木製建具メーカーに勤務していますが、会社は元は材木屋でした。もちろんMEPには、地場の誇りである西川材が使われています（**写MEP2**）。今日の日本の家づくりは北米や北欧などからの外材を用いることが多くて、それは価格が安いからですが、輸入したのではお金は地場に落ちません。

地場産業としての家づくりは基本的に地場の山の木を用いるか、それが可能でなければ県産材、せめて国産材を使うことで、お金を地場、県、日本の中で落として、地域の経済循環に寄与することでもあります。

写 MEP2
MEP には地場材（西川材）が使われている

細長い形状が庭をつくる

ＭＥＰの敷地は、普通にみられる戸建住宅地の中にあります。南、西、北は隣家が迫って窮屈ですが、東は道路を挟んで集合住宅があっても窮屈さはありません（**写ＭＥＰ3**）。ＭＥＰは、八畳グリッドを横に並べて細い長方形にしました（**図ＭＥＰ2**）。理由は「ほぼ正方形の敷地の中で庭をつくる」ためです（**図ＭＥＰ4、5**）。庭がなければ、パッシブデザインはできません。庭で七ｍ、隣家の建物まで一〇ｍの空きができました。私は、南側の隣家（二階建）から一〇ｍ離れることを重視していました。理由は一〇ｍ離れると、冬の日射が妨げられないからです。一階でも朝から夕方まで日射を浴びることができます。ＭＥＰはパッシブを有利にすることもあって、二階をリビングにしたので、二階ではさらに大きな日射を取り込むことができます。

塀をＤＩＹ

大きな窓をもつパッシブデザインは、塀をつくってプライバシーを守る必要がありま す。そこでＭＥＰは二台分の駐車場を東にとり、その先に塀をつくりました。その塀は、タイヤなどを収納する物置と一体にしたデザインになっています。また、角材をただ並べるだけのデッキをつくって、外部の縁側もつくりました。塀もデッキもMさんのDIYによるものです。

小さいユニットを並べる

MEPは夫婦＋子ども一人の、三人暮らしを想定して、七つのユニットの構成になりました。もっと部屋が必要であれば、グリッドをつないで増やしていきます。**（図MEP3）**のように、中庭を囲むようにユニットがコの字を描きます。

とはいえ、これでは庭も小さくなるし、パッシブとしても不利になります。MEPの設計は、この立地・この大きさの敷地の条件でベストなバランスをもっています。なので将来もっと部屋が必要になれば、増築するのではなく、住み替えることの方が、家としてもMさんにとっても得策だと考えます。家は常に、自分のサイズに合った家族の器として最高の仕事をするのです。

「小さい」が生んだ遊びの空間

小さなユニットをつないでいくと、遊びのユニットもつくってみたくなりました。一階のサニタリーの隣で、縁側に面した一角にワンユニット。名付けて「結（ゆい）の間」。遊

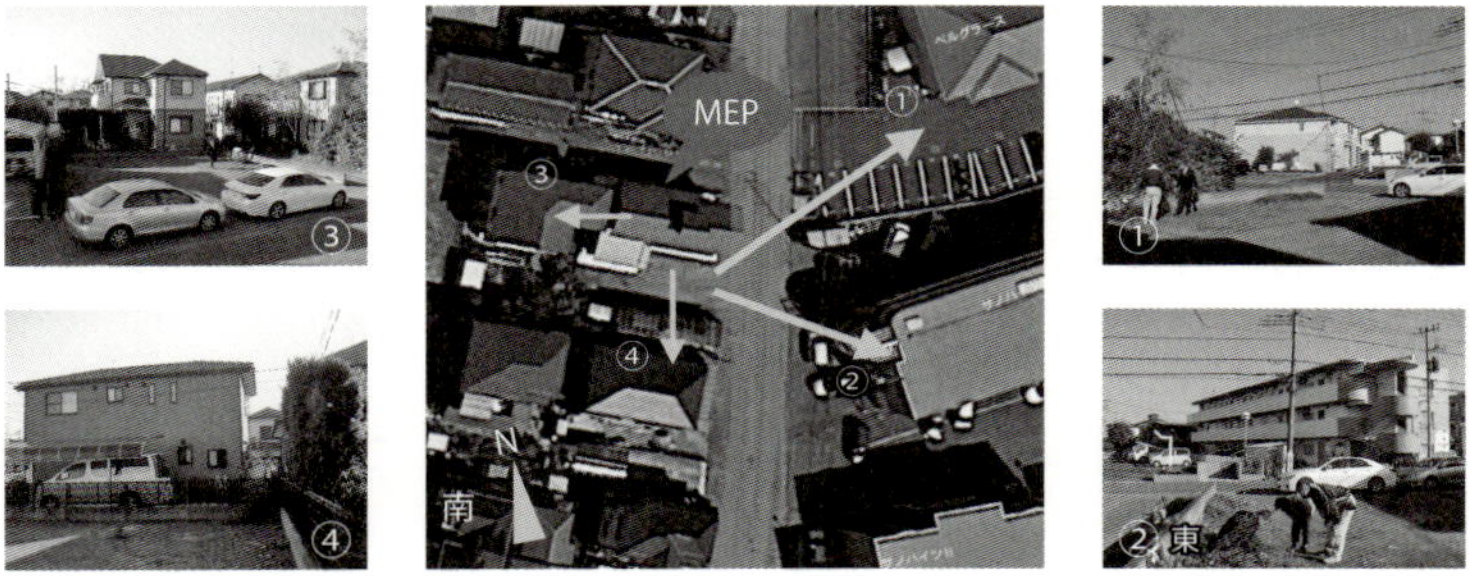

写 MEP3

MEP の建設地は郊外にある普通の住宅地で、三方を 2 階建住宅で囲まれていますが、道路側（東）は開放的です。この条件で南側に庭をつくるために、MEP は細長く横にユニットをつなぐことにしました。

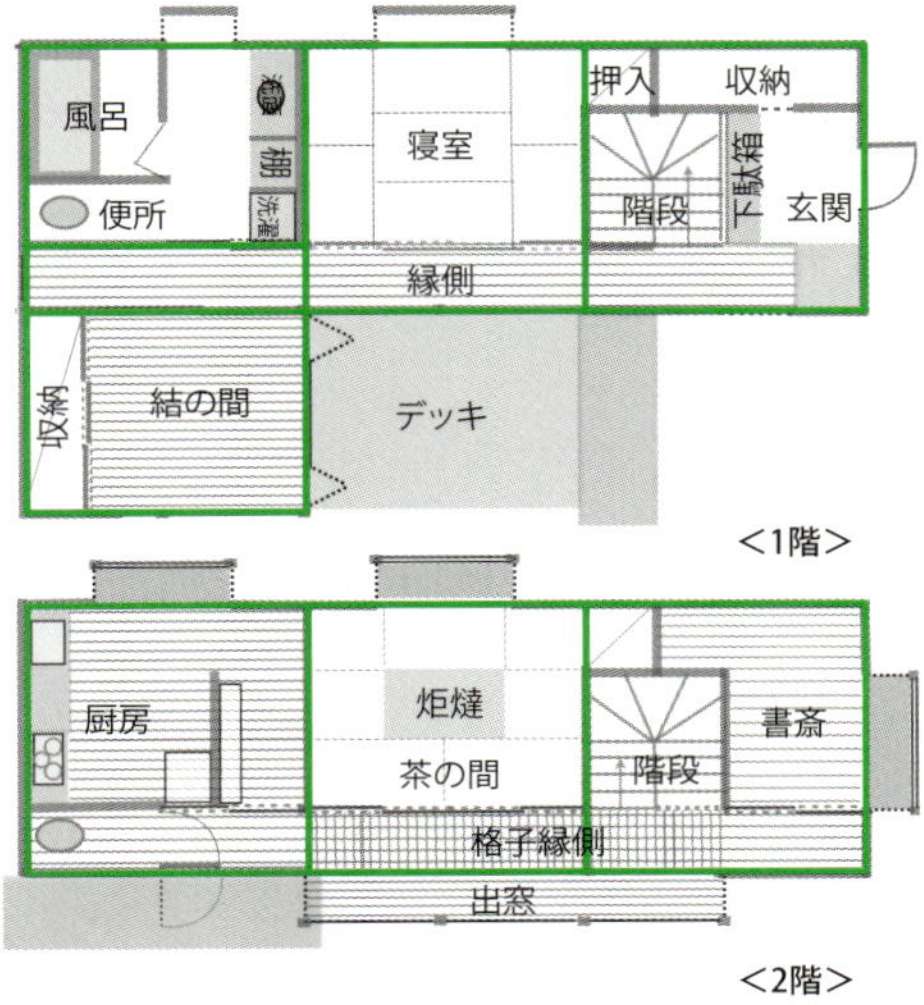

図 MEP2

MEP の 1 階は［玄関 & 階段のユニット］［寝室のユニット］［水回りのユニット］、そして［結の間のユニット］が連なり、2 階は［書斎 & 階段のユニット］［茶の間のユニット］［キッチンのユニット］が連なります。

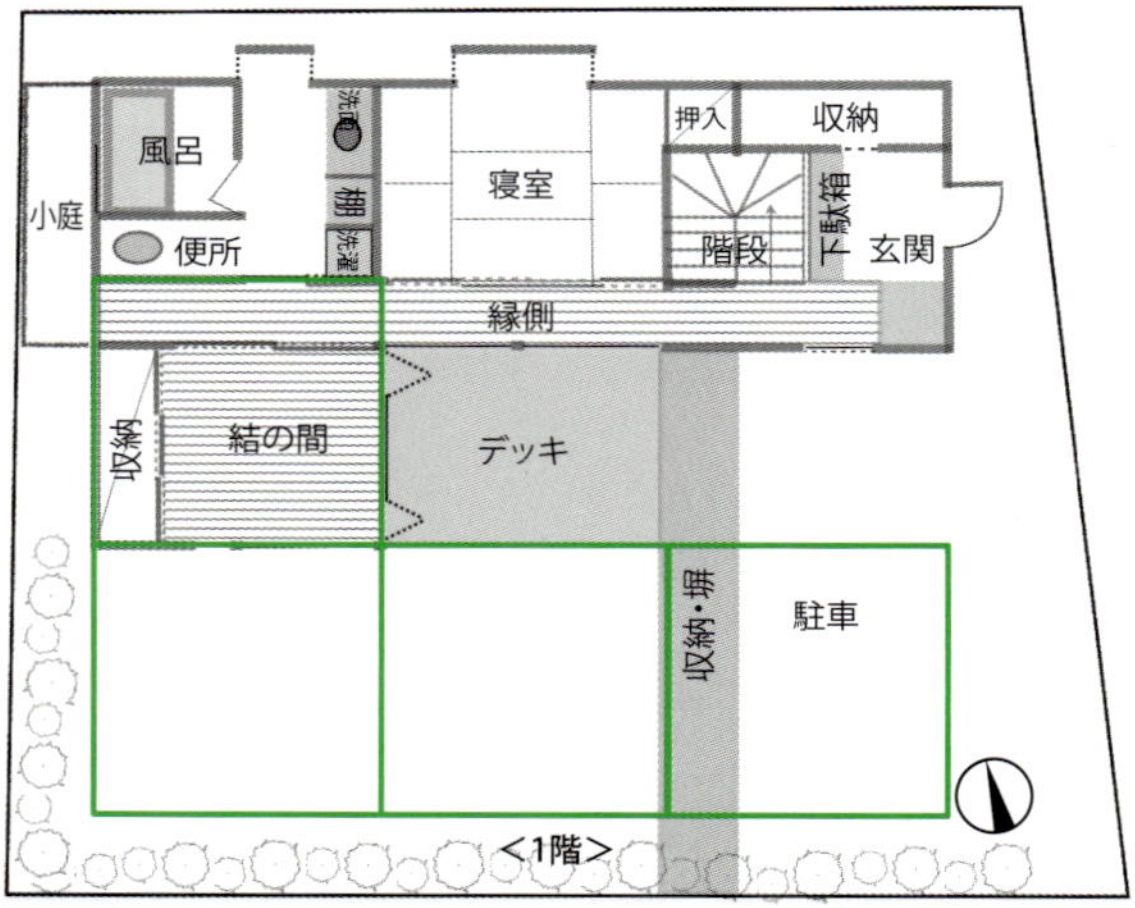

図 MEP3

MEP は七つの八畳グリッドで構成しますが、もっと部屋が必要であれば、さらに八畳グリッドを連ねていきます。グリッドはUターンしてコの字を形成し、中庭を取り囲みます。とはいえパッシブとしては辛い展開です。

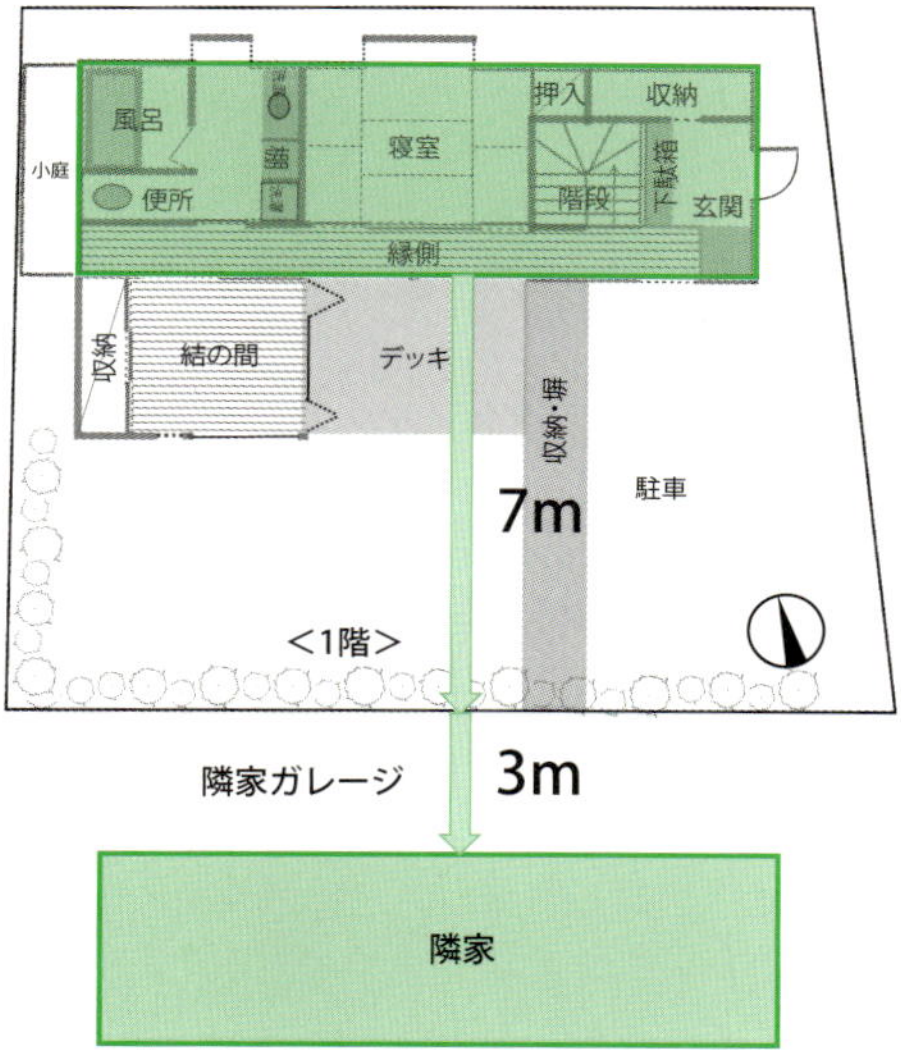

図 MEP4

図 MEP5

MEP は八畳グリッドを横につなげて大きな庭をつくります。
MEP は南前面にある隣家境界線まで 7 m の空きをつくります。隣家は北側に 3 m 幅のガレージをもつので、隣家から 10 m 離れた状況です。10 m 離れると、1 階部分でも冬の日射取得を妨げません。

びの空間なんて大きな家でなければできないことと思うのが普通ですが、八畳グリッドは小さいことが無駄のない設計をさせるので、逆に余裕を生み出してくれるのです。

結の間は、風呂上がりに涼むもよし、縁側に窓を開け放して庭と一体になるもよし、客間として使うもよし、茶室として茶を飲み、お膳を出して一杯やるもよし。小さな部屋の連なりが生んだ遊びの空間。リビングは大きい方がいいという発想では、生まれなかった面白さを八畳グリッドは与えてくれたのです。

茶の間主義

六畳の部屋では、リビングはつくれません。ソファを置けば足の踏み場もなくなるでしょう。もちろん、二つのユニットをつなげてリビングをつくることはできますが、MEPにはリビングはありません。あるのは茶の間です。茶の間はどこの家にもあった家族の部屋でしたが、今ではリビングにとって変わられています。なので、今になってなぜ茶の間？　といわれてしまいそうですが、家を設計するにあたって、リビングか茶の間かの議論をしていただきたく、9章で私の茶の間論を述べようと思います。

リビング主義がメタボな家をつくる

いずれにしても今はリビング主義が当たり前ですが、実はこのリビング主体の設計が家をメタボにしているのです。設計はまずリビングを中心に始められます。リビングをどれだけ広くとるかで家の豪華さが違ってきますし、団欒の楽しさも違ってくるように想像しながら……。でも、ど真ん中に大きな空間があって、そのまわりに水回りや個室が配置されるのですから、家は丸々と太ってしまうのです。

それでも間取り重視なので、庭には目が向かず……、気づいてみれば庭は玄関まわりにほんの少しだけ。そこに植栽をして終わります。

小さな設計の妙味

部屋は六畳あれば十分……というつもりはありませんが、その小さな空間に機能も遊びも収めてしまうことに設計の妙味があります。

（写MEP4）は拙宅の子供部屋です。拙宅は築七〇年の古住宅を二〇数年前に大改修したので、子供部屋は六畳に娘二人を押し込めなければいけませんでした。

当時二人はまだ小学生でした。ベッドは梁の上に並べた空中ベッド。そこに上る階段を本箱にして、机を配すれば、雛壇のようになりました。

ここまで小さくまとめてしまうと六畳の半分が空いてきて、そこにソファと化粧台を置きました。天井のない小屋空間と縁側があったので、六畳とはいっても開放感はありまし

写 MEP4
20 数年前に改修された子供部屋

た。親は主寝室に行くのに、子供部屋を横切っていく毎日でした。

でも、これではプライバシーがありません。私の構想では、娘がプライバシーを欲しがるとすれば電話をする時で、縁側の一部に電話ボックスをつくってやればよいと考えました。ところが、娘が大きくなるころには携帯電話が普及して、その必要はなくなりました。個人的に電話したい時にはガレージの車の中で電話することもありましたが、その内にはメールが始まり、ＬＩＮＥが始まってその必要もなくなりました。

今度はプライバシーを守るどころか、子供たちがグローバルな世界に放り出されていくことを心配をしなければいけなくなりました。でも親子で、プライバシーのない生活を送ってきたことが自然に絆をつくっていったようで、お互いに信頼することで乗り切っていけました。

話がそれてしまいましたが、子供に個室を与えればそれだけで六畳が必要……という考えもあれば、わが家のように六畳を二人でシェアしなければいけない条件もあり、また子供部屋はつくらない方がよいという考えもあります。どうであれ、小さな空間に機能と楽しさを押し込むことは、設計屋としては挑戦としての楽しみであるということ。

出窓でパッシブ

とはいえ六畳の部屋に少しのゆとりを与えてやりたい……と考えて、MEPでは出窓を付けました。正直いえば、設計をはじめる寸前にマルタ島に旅行して、そこで出窓にぞっこん惚れ込んでしまったというミーハーな理由もあってのことですが。

出窓といえば、日本の家でよく見かけるものは床から一ｍほど上に付けられるのですが、マルタ島の出窓（**写MEP5**）は床の高さから始まります。猛暑のマルタ島では出窓は庇になり、窓を自在に開けて風を取り込みます。時には外を眺めるアルコーブでもあり、また物干し台にもなります。この出窓を八畳グリッドとセットにすれば、部屋の広がりをつくるだけでなく、出窓の脇から風を取り込むことができると考えました。

当時、私は『通風トレーニング』（建築技術）という本を執筆中で、一般の住宅地では家の並びが盾になって風は遮られてしまい、道路を走るものと屋根の上を滑っていくものしか期待できないことを知りました。そこで道路に出っ張った出窓なら、横腹から風を取り込むことができると考え、日射や光を取り込む正面の開口はＦＩＸ窓にして、出窓の両脇に通風戸をつくりました（写ＭＥＰ６－Ａ）。

二階北側の出窓は乳白色のポリカ中空版を用いて「行灯（あんどん）」のように光を取り込み（写ＭＥＰ６－Ｂ）、南側はクリアなガラスから大きな眺望と冬の日差しをたっぷりと取り込むことにしました（写ＭＥＰ６－Ｃ）。その出窓の下は収納で、棚はベンチの高さ。六〇cmの幅は腰掛けるだけではなく、冬の日を浴びながらポカポカと昼寝ができるのです。

写 MEP5

マルタ島名物の出窓。側面から風を取り込む

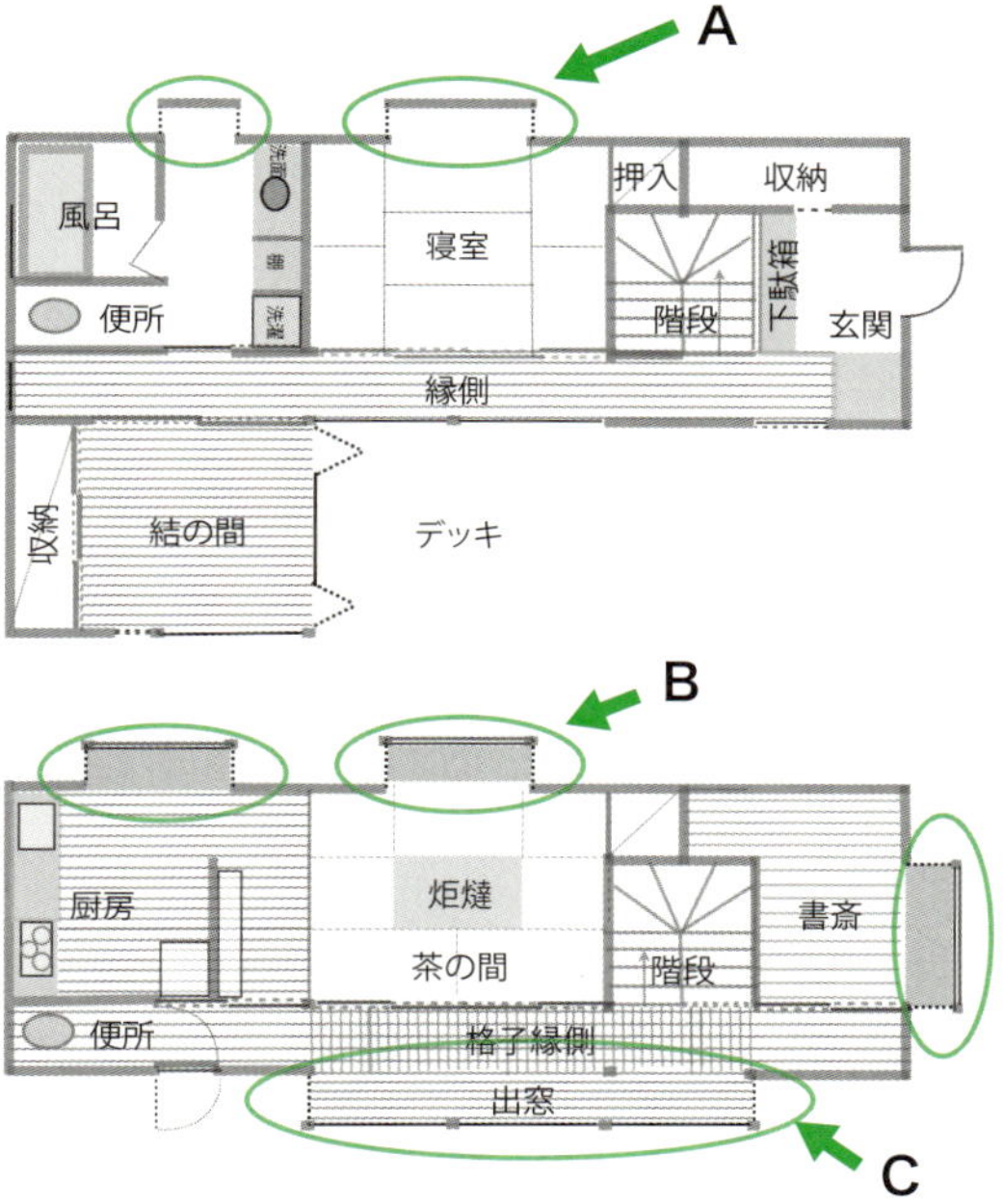

図 MEP6

A

B

C

写 MEP6　MEP の出窓

9 章

地域
住宅工房

６章の最後で、地場工務店はグループを組んで、お互いの弱点を補う必要があると述べましたが、そこで提案したいのが「地域住宅工房」構想です（**図１**）。

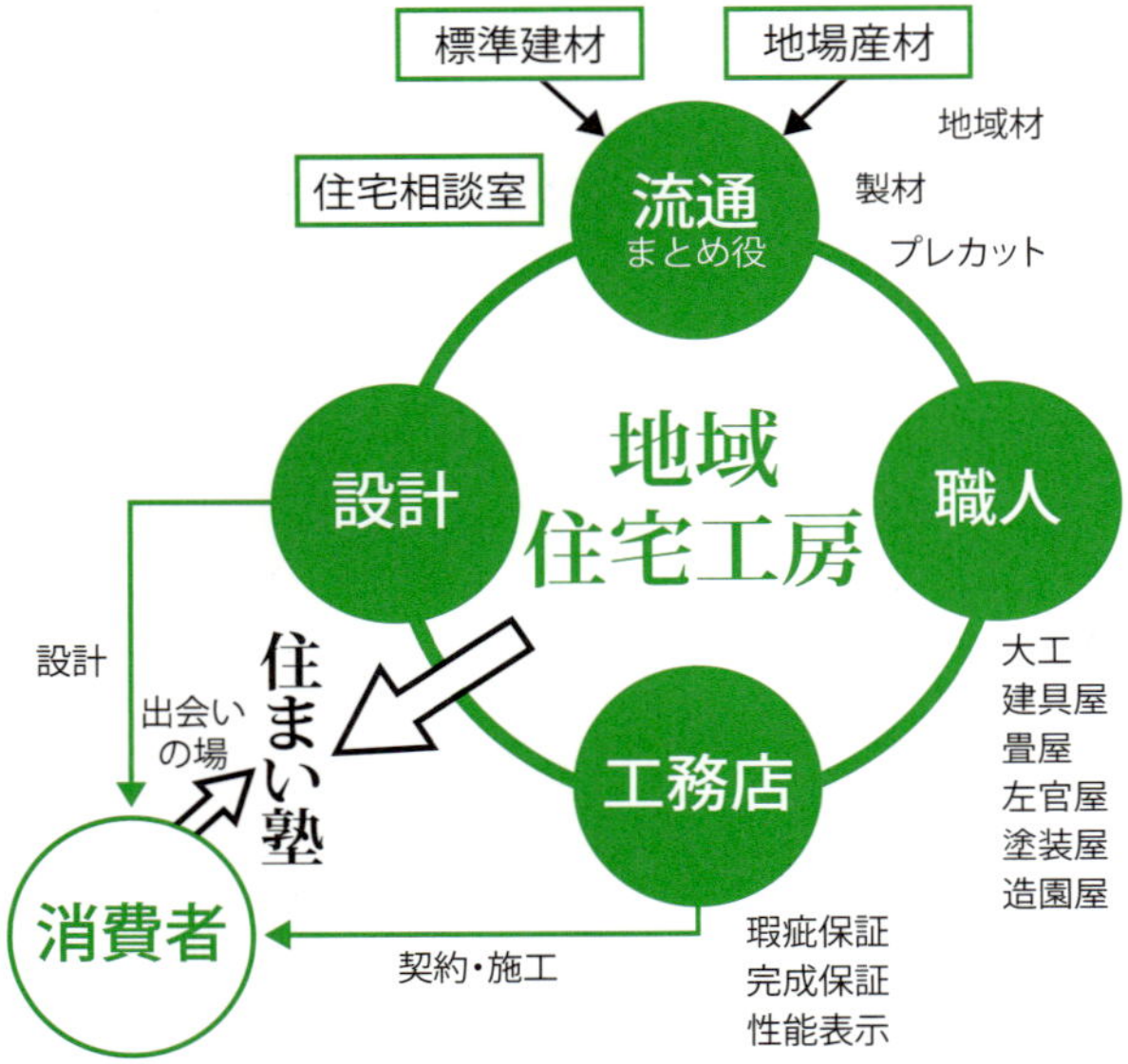

図１　地域住宅工房構想図

01 ピンを活かし・キリを補う

地域住宅工房は地元の建材流通業者と工務店と設計事務所、そして職人たちで構成されます。**（図1）**をみれば、工務店がどこにいるのかわからないほど小さくみえます。つまり、工務店の肩の荷は軽くなっているのです。

その荷を分担しているのが、デザインと営業を担当する設計士であり、ゼロ点設計を構成する部材一式を取り扱う流通業者、そして職人たちです。このようにして、工房はピンキリといわれる工務店のピンの力を生かし、キリの力を補うセンターとしての役目を担います。

02 地域住宅工房の営業

工房のまとめ役は流通企業で、住宅相談室を常設しています（営業の第一段階）。各種補助金制度の対応、情報収集、データ管理、性能評価を担当します。

また、工房は常に地域の消費者やメディアに働きかけて、住宅勉強会や現場見学会を開催します（営業の第二段階）。そこに、参加した人の中から家を建てる希望が出れば、住まいに関するすべての相談に応え、工房メンバーの設計士を紹介します。設計士は建主と詳細なミーティングを重ねていき（営業の第三段階）、そこで長寿命、健康・快適、省エネ、環境のバランスもったデザインが進められていきます。

03 地域住宅工房の設計

また、八畳グリッドのゼロ点設計を基本とするので、間取りの展開はスムースで、建主にもわかりやすく、見積りもトッピングにより明瞭です。

設計CADは部材表～見積りまでつくり、地域住宅工房から建主に提出されます。ここでは、まだ工務店が選定されていません。どの工務店が選ばれても、価格は統一されています。

もちろん見積書の中に工務店の利益は明記されて、建主はコスト不信をもつことなく安心して契約ができます。また、性能表示も瑕疵保証も完成保証も工房の中で対応されています。

04 地域住宅工房の施工

次に建主は、「腕がよく、現場管理がしっかりしていて、メンテナンスがよい」という工務店本来の力を評価して工務店を指名します。その評価は、地元の評判が参考にされ、面接をして人柄を確認します。

地域住宅工房構想で重要なのは、職人の存在です。新建材にどっぷりつかっている現状を打破して、職人たちが建材をつくり、施工します。建具、畳、土壁など、軸組造＋ゼロ点設計は工法も建材も単純にして、地元でつくり・地元でメンテナンスすることをスムースにします。

中央のメーカーから購入する必要があるのは、石こうボードや合板のような標準化された下地材や、集成材などの工業化木材、バスタブや便器、サッシ（木製サッシなら地元でつくれます）くらいのもの。キッチンも洗面も棚も現場でつくればよいのです。

私がこの地域住宅工房構想を打ち出したのは一九九三年のことですから、もう古典的な存在ですが、誰一人として実践する者がいなかったので、今も新しいままです（笑）。

ところが新築が年々冷え込み、地方は過疎の問題を抱えて元気を失いつつある中、私がこの構想を話すと、今までにはない反響があって、立ち上げる準備に入っている業者たちが出てきました。

この構想でなければ地場産業としての家づくりにはならないとか、資産価値のある家にならない……というものではなく、色んな形、方法はあると思います。

私の地域住宅工房は一つのアイデアで、叩き台です。

本書で述べてきた「資産価値をもつ家の条件」に適うことを前提に、地場の環境と事情に合わせた家づくりの形を構築すればよいのです。

10 章

住み替えるということ

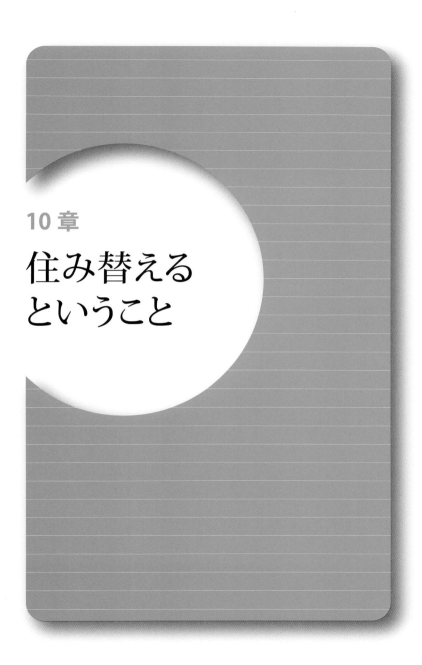

日本ではマンションを持つ段階では住み替えを考えていますが、戸建住宅を持つと、そこから住み替える意識が消滅します。つまり、戸建住宅を持つことが、住宅双六の上がりを意味します。持った瞬間から長いローン生活が始まります。

一五年も経てば家族構成は変化し、老後は大きすぎる家に二人住まい。終いには一人で暮らすことになっても、同じ家に住むのが普通です。

01 定住型のライフサイクル

（図1）は、日本的定住型によるライフステージの変化を想定したものです。初代世帯主が二五歳で結婚し、二八歳で初子ができて、小学生になるのを機に三五歳で家を建設します。その一八年後、子供が二五歳で結婚して独立すると家は親世帯だけになります。これを「エンプティネスト（空の巣）」といいます。

子供が二八歳で初子を生み、小学生になる頃にはアパートが狭くなって、新居を求めるか、または親と同居することになります。この図では同居したことになっていますが、一挙に三世代が同居します。

そして孫が結婚する頃に親世帯は生涯を全うし、再び二世代または孫が家を出てエンプティネストに戻ります。

以後、同じサイクルを繰り返せば、日本の家は夫婦だけから三世代同居にまで膨れ上がり、再び夫婦だけに戻って、そのサイクルは二五年～三〇年。同居しなければ大きすぎる家に夫婦だけの生活で、同居のために増築すれば資産価値は減少し、その後夫婦だけの生活に戻って、寒々しい空気が流れます。一方、増築ではなく建て替えて同居したとすれば、旧家は三〇年弱で消滅することになります。

このライフステージをみれば、日本の家は二五～三〇年が節目で、三〇年弱で建て替えられてしまうのはこの節目と無関係とはいえないでしょう。

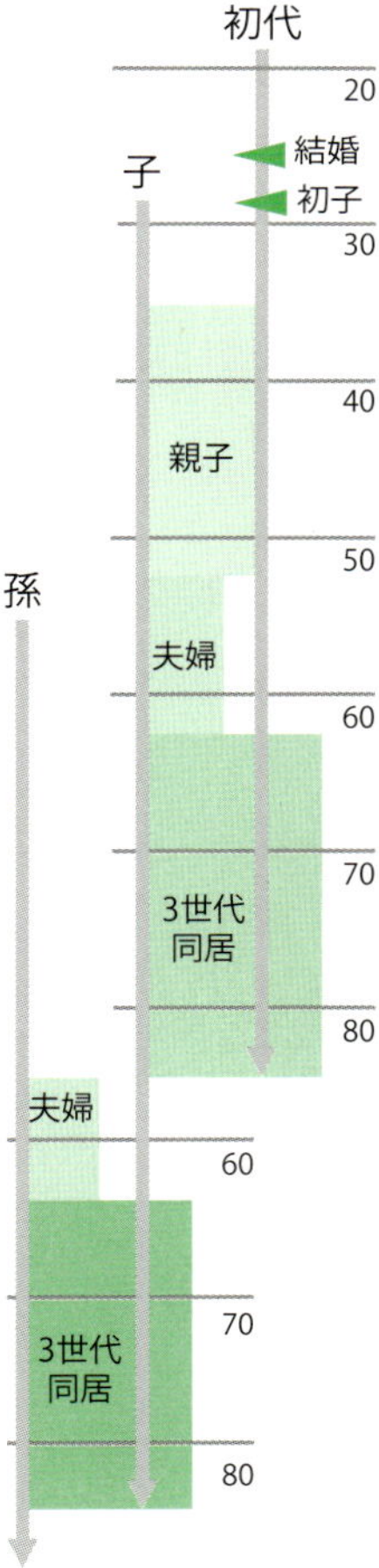

図1　定住型のライフステージ想定

減築より住み替え

一方、夫婦だけになったので、二階を減築して一階をリフォームすることもあります。既存住宅のほとんどは断熱していませんから、老後は暖かく過ごそうと考えれば、減築して二階を撤去することもあります。撤去しないまでも、一階天井に断熱して、二階は寒いままに放っておくという手もあります。

生活範囲としても暖房範囲としてもムダを減らして……という策なのですが、これは定住型の典型的な苦肉の策です。

減築した家は資産価値を失って、将来売る時に不利になります。資産価値が問われない今では、そんなことはどうでもよくて、私の代で家は消滅してよいと考えての目先の策でしかありません。

家を長寿命にするには、次の代に継ぐか、他所の家族に売る必要があります。定住ではなく、住み替えることにすれば、常に自分に合ったサイズの生活が得られて、増築や減築を必要とせず、家はサイズに合う次の家族に受け継がれていくことができるのです。

一〇年経ったら売って出る

さて、定住するのではなく、住み替え型で考えてみれば……。

「子供が歩けるようになったら初めての家を買います」

「子供が小さい間は自然が豊かな郊外に住まわせたい」

「でも、一〇年もすると高校生。進学を考えると町の中がいい」

「子供が独立しても、仕事は現役バリバリだから町の中がいい」

「でも定年したら、ちょっと田舎暮らしもしてみたい」

「七五歳過ぎたらシルバーホームで安心して余生を送るのもいいだろう」

……という具合に考えてみれば、一〇年が一つの節目になります。

ライフステージの節目ごとに、家族構成に合うサイズの家に住み替えれば無駄もなく、無理もなく、生き生きとした生活が送れます。

「一〇年住んで・売って・出る」のです。

02 変貌する家族と変わらぬ家

いつまでＬＤＫを続けるのか

住宅屋はいつも家族団欒の幸せな生活を描いています。なので「家族は変わってはいけない」と考え、いつまでたっても夫婦＋子供二人の標準家族を想定してｎＬＤＫの家をつくり続けています。

理由は、①家族が変貌していることに気付いていない、②その家に一生涯住み続ける、なので、③常識的な家族と間取りにしておけばよい……というものです。

そんな状況に、「いつまで昔のままのｎＬＤＫを続けているのですか」と、住宅業界に殴り込みを掛けてきたのが社会学者・上野千鶴子著『家族を容れるハコ　家族を超えるハコ』（平凡社）でした（**図2**）。

殴り込みと書けば過激ですが、それほどにこの本は衝撃的でした。

家族は激しく変貌しているのだから多様な家をつくって、選択肢を与えて欲しい……。

図2　上野千鶴子著『家族を容れるハコ、家族を超えるハコ』(平凡社)

変わる家族

建築家・篠原聡子らが書いた『変わる家族と変わる住まい』(彰国社)という本があります(**図3**)。家族が変われば、住まいだって変わらなければいけないというのです。

図4はさまざまな家族を列記したものです。**事実婚**とは夫婦関係はあるが籍は入れない状態。その逆が**法律婚**。**同性カップル**。すでに世界のあちこちで同性の結婚が認められています。**DINKS**は共働きで子供がいない夫婦。**DEWKS**が夫婦＋子供二人の標準世帯。**エンプティネスト**は**空の巣**で、子供が独立して出て行った後に夫婦だけで住んでいる状態。**ネットワーク家族**は夫が単身赴任で、子供は海外に留学のようなケース。**ステップ**

ファミリーは離婚した子連れの親同士の結婚。子供たちは血縁のない兄弟になり、親がまた離婚すると兄弟ではなくなります。**疑似家族**とは血縁のない人たちでつくる家族関係。

図 3　篠原聡子著『変わる家族と変わる住まい』（彰国社）

事実婚	法律婚
同性カップル	
DINKS	DEWKS
エンプティネスト	
ネットワーク家族	
ステップファミリー	
疑似家族	

図 4　さまざまな家族

家族と住まない家

家族といえば、血縁があって、だからこそ深い絆に結ばれて守り合うもの……というイメージがあります。でも、家族愛といえば美しいが、そこには家族だから……という逃げられない縁も存在します。

上野千鶴子は「家族には介護、育児の機能があって、それさえ外注すれば家族はなくても済む」「家族愛のような曖昧な愛で縛られる必要はない」と言います。

また、篠原聡子は「家族は育児、介護などさまざまな機能を背負わなくなって縮小し、バラバラになってきた。でもまた再集合すると思う。でもそれは血縁のみの関係ではなく、個々が約束事を守りながら他の居住者に頼らないで集住する「仲間家族」、食事を交代で作るなど生活の一部を共同で行う「共同する家族」、特別養護老人ホームなど契約関係で成り立つ「契約家族」などさまざまな形態があるでしょう」と言います。

そして、こんな本もあります。島村八重子・寺田和代共著『家族と住まない家』（春秋社）。副題は血縁から〈暮らし縁〉へ（**図5**）。

このように住宅屋が夫婦＋二人の子供でｎＬＤＫの家をつくり続けている間に、家族の形は驚くほどに変化しています。家も変わらなくてはいけないようです。

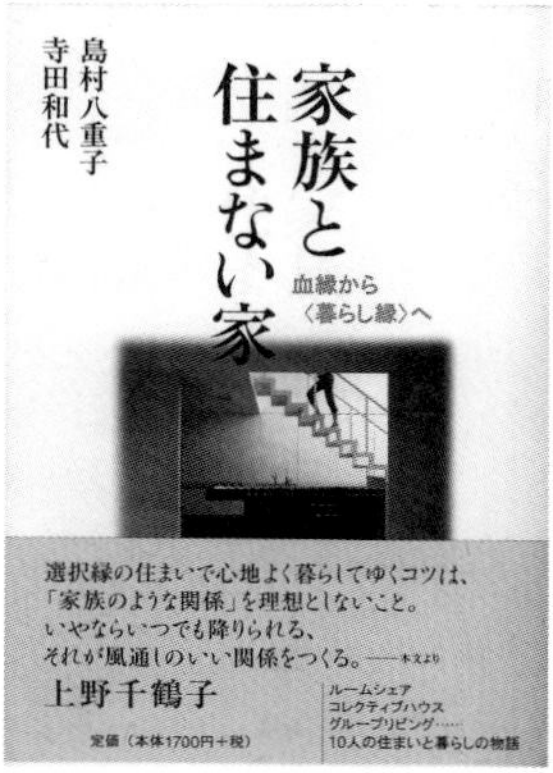

図5　島村八重子・寺田和代共著『家族と住まない家』（春秋社）

核家族の始まり

生産性に限界のある農業社会から工業社会への転換は経済を拡大させ、田舎から都会への若者の大移動を招きました。都会に出た若者は借家に住んで家族をつくりました。そんな家族を襲ったのが第二次世界大戦でした。焼け野原になった都市の復興を目的に一九四八年に建設省ができ、一九五〇年に住宅金融公庫が設立され、一九五一年には公営住宅法が公布されて、ストックづくりに大いに活躍しました。

そうこうしている内に朝鮮戦争の特需景気が起こり、日本経済は見事に復興。工業優先、農業切り捨ての政策で、ますます田舎から都会へ人口流出は拡大し、一九五五年に日本住宅公団が設立されて、賃貸の集合住宅を大量に建設し、大規模団地が出現しました。団地族という言葉が流行語になって、若い夫婦の新しい生活……本格的な核家族の始まりでした。

とはいえ、都会での借家暮らしは「仮」の意味を含んでいました。いつかは田舎に帰って百姓をすればよい……。田舎には、いつでも帰れる本家がありました。でも、本家も歳をとり、都会に出た子供との距離も遠のき、帰る場所はなくなりました。

子育てがわからない

農家では若夫婦が働き、年寄りが子供の面倒をみました。農繁期には年寄りも子供も農作業を手伝い、みんなが「役に立つ」ことで生き甲斐が生まれ、家族の絆がつくられました（**図6**）。出産も子育ても、年寄りというベテランがいることによってスムースに過ぎてきたのです。

でも今は「結婚しない若者たち」、その一方で「できちゃった婚」で二十歳にも満たない母親がいます。インターネットで出産・子育てを学習し、勇気を奮って公園デビューしてママ友をつくらなければいけません。自分の子供に暴力をふるう親、餓死させる親……、未熟な親が初めての親を演じています（**図7**）。今、家に求められているのは内なる家族空間よりも、外とのコンタクトをデザインすることといえます。

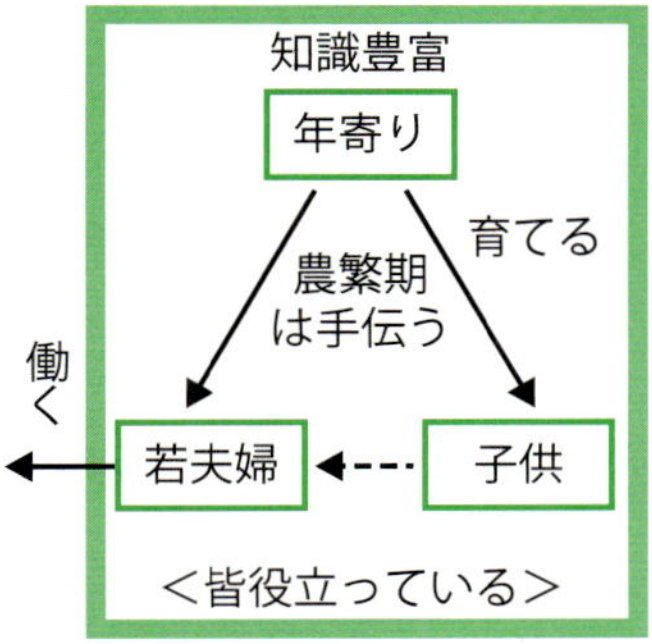

図6　大家族

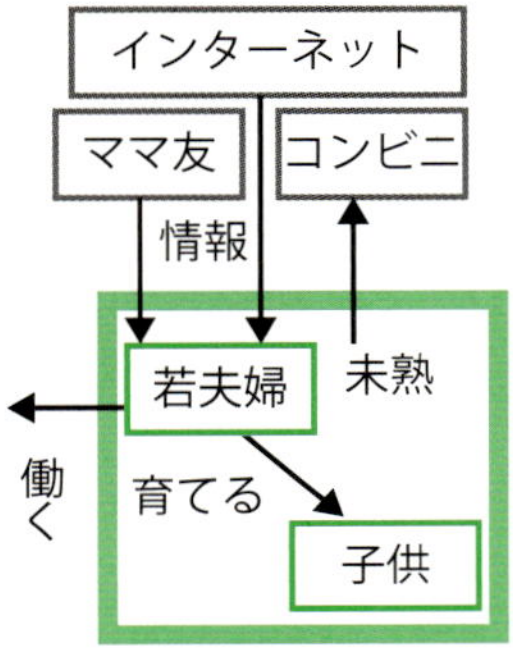

図7　核家族

主婦の孤立

夫は外で仕事、子供も塾通いで、帰ってきても自分の部屋に籠もってしまう。これではまるで家族ならぬ個族。ひとり取り残された主婦は、行き場を失って孤立しています。結婚しない若者が増えて、「結婚しなさい」「将来さみしいよ」と人生の先輩がしたり顔で説教します。結婚して子供を産むことが、将来の安心を約束するかのようです。でも、ほんとに血縁の家族がいなければ将来寂しくて、子供がいれば寂しくないのでしょうか。

こんな疑問に答えてくれるのが、島村八重子・寺田和代共著『家族と住まない家』（春秋社）です。この本の中には、ルームシェア、コレクティブハウス、グループリビングなどの例が紹介されています。

題名もさることながら、帯に書かれた上野千鶴子の言葉がすごいのです。「選択縁の住まいで心地よく暮らしてゆくコツは、家族のような関係を理想としないこと。いやならいつでも降りられる。それが風通しのいい関係をつくる。」。選択縁とは血縁ではない縁、つまり社縁、趣味縁、交際縁……。

一人で生きていくことは確かに不安ですが、弱い者が寄り添えば強くなれます。血縁としての絆より、選択縁としての絆の方が強いこともあります。むしろ弱いから他人と付き合うチャンスが生まれますが、家族が居ると思って他人との接触を怠れば、孤立することもあります。家族の居なくなった大きな部屋で、一人生きる孤独な高齢女性に対して、「ねえこっちにこない。楽しく躍動的な生活が待ってるわよ」と声を掛ける本があります。シングルで生きてきた寂しく弱いはずの女性たちが、楽しいシニア生活の様子を紹介した、駒尺喜美＋生活科学研究所著『老いの住宅大作戦』（三省堂）です（**図8**）。

図8　駒尺喜美＋生活科学研究所著『老いの住宅大作戦』（三省堂）

空間帝国主義

それでも、帰る場所（空間）があれば家族をすることができる……と、住宅屋はいつもノーテンキに考えています。これを「空間帝国主義」と社会学者が皮肉ります。

二〇年も前なら、来客があっても親が玄関ドアの前で「あなたは誰？」と言えたし、電話が掛かってきても親が「あなたは誰？」と言って子供を守ることができました。

でも、今は違います。玄関ドアを閉めても夫や子供たちは個室にいながら携帯電話やインターネットで外と通じています（**図9**）。家という箱（空間）と、家族にズレが生じています。

家族は仲良く団欒をするものと思い込んでいる住宅屋は、目の届かないところで子供は悪くなると考え、子供部屋不要論を唱えたり、階段をリビングに置いたりしました。果たして、子供は家族団欒することだけで守られ、社会の中で強くなれるのでしょうか。

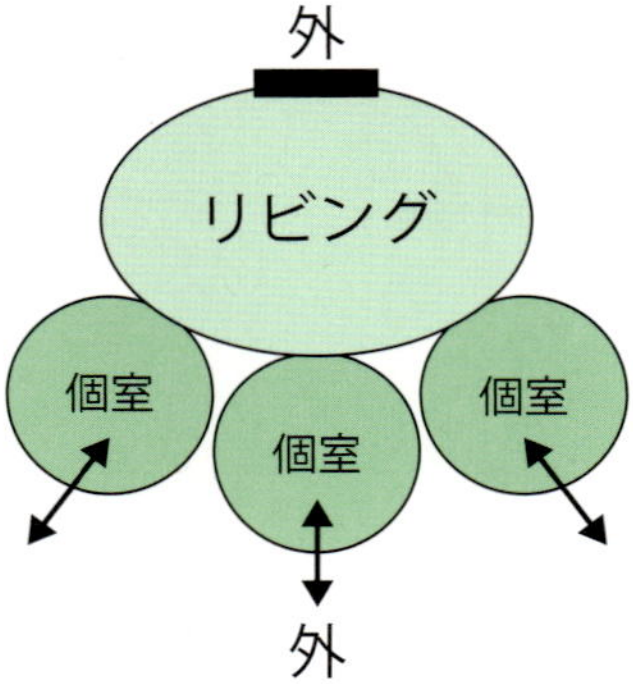

図9　個は外でつながり、内ではバラバラ

崩壊する家族

社会学者は、家族は変わるものといい、住宅屋は家族は変わってはいけないものと考えます。

貸家ではゲストハウスが話題になり、高齢シングルがシニアハウスに、高齢夫婦もグループリビングに目を向け、リバース・モーゲージの言葉も聞かれるようになりました。なのに、住宅屋は未だに「リビングで団欒する幸せ家族」を叫んでノーテンキのままです。

〈住宅屋〉

●家族は変わってはいけない

●家は家族のためにつくる

●その家に生涯住み続ける

〈社会の要求〉

●家族は変貌（多様化）している

●さまざまな家族に合わせたさまざまな家

●家族の変化に合わせて住み替える

今の住宅観とまったく違ったところに、社会のニーズが潜在化しているのです。

芥川賞作家・藤原智美著『「家をつくる」ということ』（講談社文庫）が大ヒットしたの

は、今から二〇年も前の一九九八年。そこに書かれていたのは、幸せな家族ではなく崩壊する家族でした。

確かに家に居ながら外と通じ、家族で集まろうとしないのは崩壊にみえます。

持家の時代になったら住まいの滞在時間が減ったという皮肉

部屋数が増えたのに子供を産む数は減る一方だという皮肉

個室がリビングをつくったが、リビングには集まらないという皮肉

これらの皮肉に真正面から論戦を張るには、変わる家族の姿を示す必要があります。なので、最終章でたっぷり頁を割きました。私も家族のことを沢山勉強してみたのです。

その結果、不思議なことに行き着いた先は……。

茶の間

子供部屋が要るのか要らないのかではなく、親は子供を外から遮断して囲い守るのではなく、子供だって外につながった個だと認識し、個は自分の居場所を家族との人間関係においてみつければよいと思います。家族は一人一人が小さな社会を持ち、そこで揉まれて、頑張って戦って……。それが、ちゃんとできていれば何の問題もありません。

でも時としてトラブルが起こったら、家族はいつでも助けてやれるし、泣くのを許し、身体を休ませてやればよいと思います。そんなことを考えると、嘘っぽいリビングではなく、家族がダラダラできる場所が欲しい（**図10**）。

受験前の長男が勉強する横で、社会人のお姉ちゃんが雑誌を読みながら寝ころんでいる。遅く帰ってきた父親が一人晩酌しながらご飯を食べ、奥様はイケメンの男優が出ているドラマを食い入るように観る……バラバラでダラダラ。でも、妙に家族のニオイがする。この空間こそ、手を伸ばせばなんでも届く人間サイズの「茶の間」。

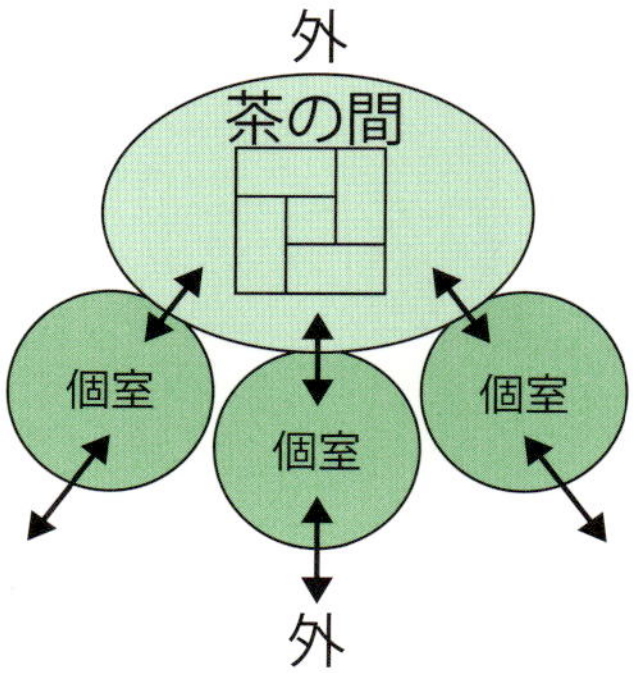

図10　個は外とつながり、中ではダラダラ

こうして私は自分自身でも茶の間に生活し、基本設計したすべての家で茶の間を描いてきました。八畳グリッドは六畳の部屋＋縁側で、その空間は小さくて茶の間サイズ。リビング主義が大きな空間を求め、その結果メタボになって庭をなくしていくより、小さく生活して、庭にも町にも開いた家の方が、家族を生き生きさせるのだと思います。

11 章

まとめ

01 自分の家～社会資産に

日本の家は短命で、街は雑然とし、暮らしは豊かでなく、お年寄りはお荷物意識で固まっています。なぜなのかを突き詰めれば、「家に資産価値がないこと」という元凶が見つかりました。

短命な家はスクラップ&ビルドを繰り返し、だから日本は異常なほどの新築市場。家の数は世帯数をはるかに超えたのに、依然として九〇万戸台の新築着工を続け、その一方で膨大な数の空家を生み出しています。とにかく新しい・自分の家が欲しくてならないのです。

それは「夢のマイホーム」……、生涯掛けてのローンを借りてでも手に入れたい宝。でも、その家の価値は二〇年で評価ゼロ。まだ、ローンが終わっていないのにタダになってしまう現実は、不動産ならぬ「負動産」と呼ばれます。

一方、価値がなくなって損をするのは施主だけでなく、国家も同じこと。六、〇〇〇万戸ものストックは五〇〇兆円もの価値を失って国富を減らしています。資産価値を失うことで、家も街も施主も国も損をしているのです。

そんな「変」な日本の家づくりを大逆転すればどうなるのでしょう。

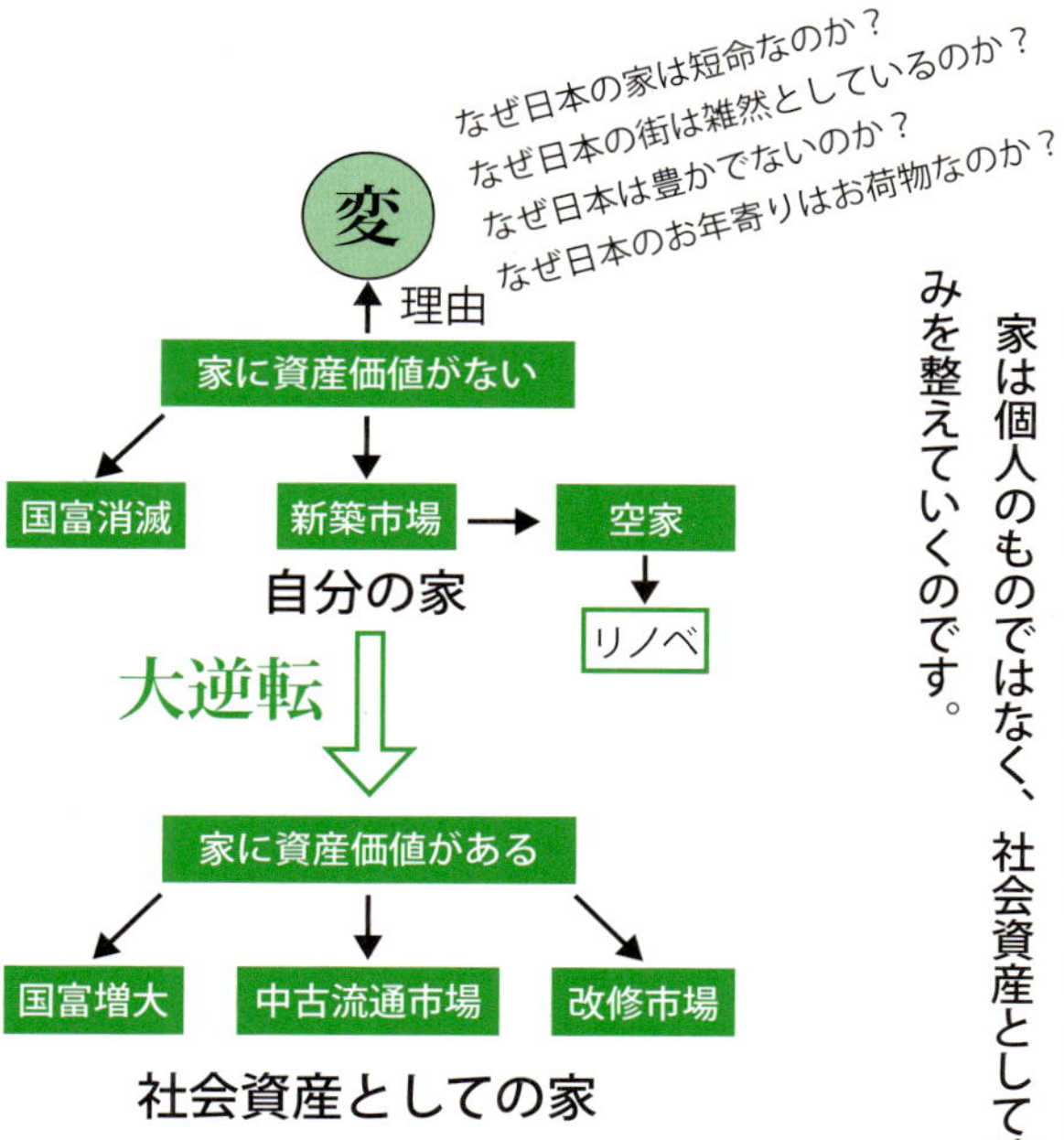

家に資産価値があれば、ストックが価値を失わずに国富を増大させます。それだけではありません、家の価値が高まれば固定資産税および相続税が増えて、国庫は豊かになります。

新築市場が中古流通市場に変われば、メンテナンスもリフォームも価値増大に働いて、高く売る意欲をもって積極的に進められ、家はサイズに合う家族に愛されて長命になります。

家は個人のものではなく、社会資産として建てられ、価値を落とさないデザインが街並みを整えていくのです。

02 地場グループの再結成

昔は棟梁が職人を束ね、地場の材で、地場の職人がつくるので、地場でメンテナンスができました。地場循環の家づくりです。

ところが、戦後の大量に家をつくる要求の中で、棟梁に代わってハウスメーカー、パワービルダー、地場工務店が台頭し、三つ巴の激しい受注合戦を繰り広げています。そして、どこか遠くのメーカーが作った新建材を、地場の流通業者が工務店に販売して、地場循環の家づくりは崩壊しました。

それでも建材店にはいつも工務店がたむろして、番頭さんから情報提供を受け、毎週のように新製品の勉強会が開かれるなど、「地場グループ」が形成されていました。

その後、三つ巴の戦いが激化する中で、地場でも差別化・地域ナンバーワン競争が始まり、気の利いた工務店だけが生き抜き、時勢に疎い工務店は元気を失って、地場グループも崩壊しました。勝ち組の工務店はそれぞれ地場で孤立しながらも奮闘し、大手と熾烈な戦いをしながら地場の意地をみせています。

そんな新築を舞台にした三つ巴の戦場が、資産価値をもった中古流通市場に変わったらどうなるのでしょう。

中古流通は「売り買い」することですから、将来高く売るために……。

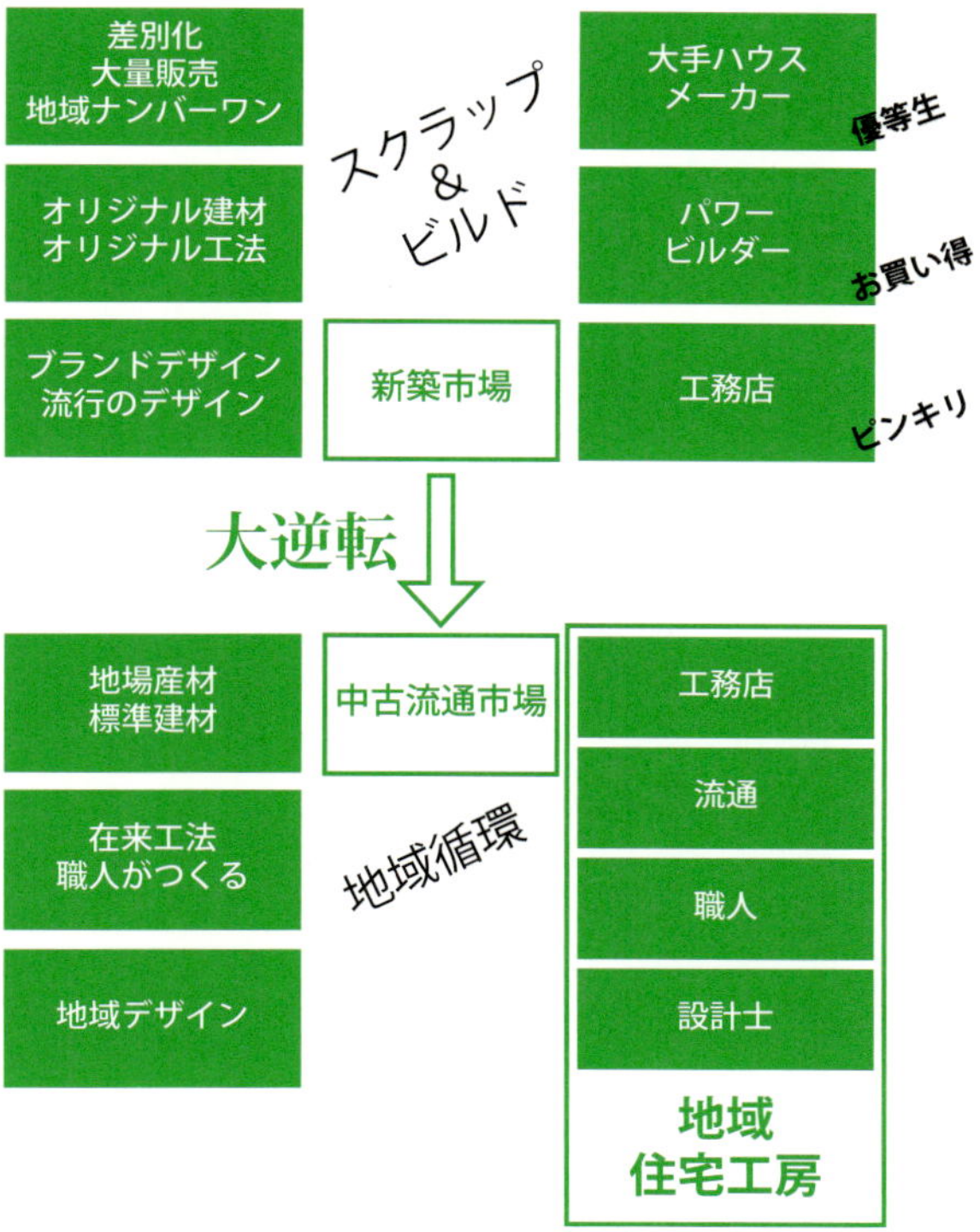

●流行のデザインではなく、普遍的なデザインが求められ、

●日頃からメンテナンスに精を出すために、「触れる工法と建材」がベースになり、

●一〇年後にはないかもしれないオリジナル工法やオリジナル建材ではなく、

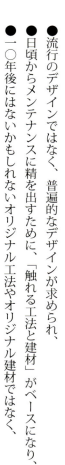

●在来工法で畳、建具といった職人がつくるもの、または外の材でも標準化したものが使われることになります。
……これらの条件を満たすために最も有利なのが、近くに居て職人を育てる工務店。
●デザインは流行を追わず、気候風土に照らした地場のスタイルでつくられて、街並みが揃います。
●それは太陽と風と共生し、人にも街にも曖昧につながるパッシブデザイン。
●パッシブデザインを実現してみせるのが軸組造の開放性。
●上下の框を、建具が滑って「開けたり閉めたり」。部屋と部屋を閉じたりつなげたり。縁側から外に開いたり閉じたり。
●縁側が内とも外ともつかない中間領域を実現し、そこは街に開いた大きな出入口であり、ベンチ。冬はサンルームに、夏は風が出入りします。
●軸組造と建具と縁側を組み合わせた八畳グリッドは、日本が誇る畳割りの間取り設計を可能にし、
●その小気味よいグリッドの連なりは、どんな家族にも受け入れられ、畳と障子の無個性空間はつまらないようで妙に創造力を掻き立てます。
●こうして材も工法もつくり手も地場で落ち着けば、差別化も地域ナンバーワンも消滅して、昔とは違った形の地場グループが力を発揮します。
●それが、流通店がまとめ役になり、工務店、設計事務所、そして職人が集う地域住宅工房。

●ピンからキリの地場工務店ですが、地域住宅工房ではキリを補い、ピンを伸ばします。

……以上、本書が「大逆転のＨＯＭＥ嵐《らん》」というおかしな題名をつけた理由と内容です。「八畳グリッド」と「地域住宅工房」は、私が考える一つの提案に過ぎません。

また、地場有利とはいっても、大手ハウスメーカーもパワービルダーも、これまでつくってきた膨大な数の顧客の間で中古流通を進めていけばよいし、資本力を生かして資産価値団地を分譲するもよし。

また、孤立しながらも奮闘して「勝ち組」になった工務店は、地場グループの再結成に同調することには抵抗があることでしょう。

色んな方法論があって、どれが正しいとかいうべきものではありませんが、資産価値を持つために必要な項目は抑える必要があって、そこから都合よく逃げてはいけません。

「そうはいっても……」と部分的に逃げたくなるのは当然ですが、とにかく資産価値がないことで成り立ってきたこれまでの家づくりですから、大逆転の覚悟が要るのです。

03 でも、ちょっと疑問が……

価値がつけば損もあり得る

家に価値がつけば施主は得をすると言いましたが、二〇年経っても価値を失わなければそれだけ固定資産税評価も高くなるし、相続税も増えてしまいます。なので住み続ける以上、得になるどころか損になると考える人もいます。そのとおりです。家に資産価値があって、得するのは売るからこそ。だから中古流通市場になり、それが家を長命にさせるのです。

新築は減らないのでは

家に資産価値がつけば新築は減って中古流通が増えると言いましたが、今の日本の住宅ストックの大半は価値が消滅しており、若いストックも価値のない世界でつくられてきたもの。なので今のストックが消滅するまでは、相変わらず「建て替え」または「放置したまま新築」が継続されて、しばらく新築は減らないでしょう。だからといって、これから新築する家が今までどおりの価値なし住宅では、施主は損をすることになります。

覚悟してＨＯＭＥ嵐《らん》を打つ

政策は、欲張りなネライをして自滅することがあります。

新築も減らしたくない一方で、改修市場と中古流通拡大を増やしたい……というのは欲張りで、覚悟がありません。資産価値をつけて中古流通市場に転換することは、新築主体の現状を破壊すること。業界全体に嵐が吹き荒れるほどの変化を強いることになるのです。

北欧で、不足する労働力を補うために女性を働かせることを決めた時、大きな嵐が起こりました。女性が働くことによって生まれる所得税と、扶養家族から外れることによるダブルの税収をもって、親と子の面倒は国がみることにしました。大きな政府、高福祉社会の起こりです。でも、家族に起こった大きな変化は社会を混乱させて、犯罪と自殺を増やし、国内外から「高福祉はやっぱり間違いだった」といわせしめました。それでも今、北欧の国々は世界一幸せな国と言われるようになりました。

覚悟もなく、都合のよい政策を進めていくのでは何も変えることができません。家に資産価値を持たせることが、どれほど大きな変化を業界に要求することなのか……。

だから、**大逆転のＨＯＭＥ嵐《らん》**……、しばらくは業界に嵐が吹き荒れるでしょう。

でも、嵐が去れば、落ち着いた家づくり環境と豊かな日本が待っていることでしょう。

大逆転のHOME嵐《ラン》

発行	2018年3月4日（第1刷）
著者	南 雄三
発行者	橋戸幹彦
発行所	株式会社建築技術 〒101-0062 東京都千代田区神田三崎町3-10-4 千代田ビル TEL03-3222-5951 FAX03-3222-5957 http://www.k-gijutsu.co.jp 振替口座 00100-7-72417
造本デザイン	春井 裕（ペーパー・スタジオ）
印刷・製本	三報社印刷株式会社

ISBN978-4-7677-0157-8